자끄 엘륄
1912-1994

1912년 보르도 출생으로 1937년 스트라스부르 대학교 연구부장으로 지명되었으나 비시(Vichy) 정권에 의해 해임되었다. 1936~1939년 프랑스 정계에 투신하여 활동했고 1940~1944년 레지스탕스 운동에 열렬히 가담했으며 1953년부터는 프랑스 개혁교회 총회 임원으로 일해왔다. 법학박사인 그는 수많은 책을 저술하여 사회학자, 신학자, 철학도로서 널리 알려졌다. 보르도대학에서 오랫동안 교수로 근무하였으며 「신앙과 삶」(Foi et Vie)의 편집주간으로 활동하였다. 그가 죽은 후 2002년 이스라엘 얏 바셈(Yad Vashem) 재단에 의해, 위험을 무릅쓰고 나치 치하 유대인 가족들을 도운 것이 밝혀져 '열방 가운데 의인'이라는 칭호를 받았다.

도서출판 대장간과 비공은 한국어 총서로 계속 그의 저서를 번역 출판하고 있으며 현재까지 37종의 책을 소개하였다.

Copyright ⓒ Jacques Ellul 1995

Original published in France under the title ; *Silences: Poèmes*
  Published by Éditions Opales.

Used and translated by the permission of Jacques Ellul.
Korean Edition Copyright ⓒ 2025 by Daejanggan Publisher. in Nonsan, CN, South Korea.

침 묵

지은이	자끄 엘륄 Jacques Ellul
옮긴이	박용주
초판발행	2025년 6월 10일
펴낸이	배용하
책임편집	배용하
등록	제364-2008-000013호
펴낸 곳	도서출판 대장간
	www.daejanggan.org
등록한 곳	충청남도 논산시 가야곡면 매죽헌로1176번길 8-54
편집부	전화(041) 742-1424
영업부	전화(041) 742-1424 전송 0303-0959-1424
분류	자끄 엘륄 | 시 | 문학
ISBN	978-89-7071-749-4 03230

이 책의 한국어 저작권은 자끄 엘륄의 가족과 독점 계약한 대장간에 있습니다.
이 책은 저작권법에 의해 보호를 받는 출판물입니다.

값 15,000원

침 묵

자끄 엘륄

박용주 옮김

옮긴이 박용주

불어교육(공주사대), 불문학(고려대 석사),
프랑스 교육정책(공주대 박사)을 공부하고, 불어교사와 불문과
강사, 중등 교장, 충남교육정책연구소장을 역임하고,
지금은 고향 공주에서 작은도서관을 운영하며
시작(詩作)과 문학번역을 하며 지낸다.
시집 『2021 시니피앙』, 『마을로』, 『수촌리 언덕』,
『가브리엘의 오보에』, 『별들은 모두 떠났다』,
에세이 『위고를 위하여, 에스프리를 위하여』 『달리기는 운동이 아닙니다』 외,
번역서 『빅토르 위고』, 『잃어버린 나를 찾아서』, 『샹송 꼬레엔느』,
『혁명, 마을 선언』, 『침묵』 외, 기타 『공주근현대문학사』(공저),
『뜨거운 배움, 함께한 여정』이 있다.
'삶의문학상'과 '공주문학상'을 수상하였다.

『침묵』 한국어판을 발행하며

자끄 엘륄은 시를 써왔다. 하지만 공개하지 않았다.
"너무도 내밀하였으므로." 그는 말하였다.
별이 되기 전에서야 그는 출간을 원하였다.

시는 그의 작업의 핵심, 한 사람 그리고 사상가로 걸어온 여정의 본질이었다. 시는 날마다 그의 곁에 있었다. 그것은 빛을 향한 멈춤 없는 전투였다. 그는 일흔 편의 시를 위임하였다. 모두 공책에다 손으로 쓴 것이며, 『침묵』은 비서 클로드 포코네의 각별한 정성과 장남 장 엘륄의 고심으로 마침내 빛을 볼 수 있었다.

텍스트 배열, 구두점, 옛 단어와 표현들은 자끄 엘륄의 작업 그대로이다. 그는 극 절제된 군더더기 없는 책을 원하였다. 『침묵』은 자끄 엘륄을 오롯이 상징한다. 이 시집은 세상 그리고 숱한 사상의 중심에서 진리를 향한 열정으로 일관한 자유로운 한 남자의 용기, 올곧음, 그리고 고통스러운 천착(穿鑿)을 담고 있다.

목 차

저자소개 – 3

옮긴이 소개 – 6

한국어판을 발행하며 – 7

일러두기 – 8

한국어시 – 11

불어시 – 125

자끄 엘륄 사진 & 옮긴이의 글 – 217

엘륄 연보 – 233

엘륄 저서 – 234

일러두기

이 책은 엘륄 사후 1년 뒤인 1995년 오팔출판사에서 출판되었다.
당시 책의 출판은 장남 장과 비서 클로드 포코네의 기여가 있었으며
〈보르도 자연과학 연구소〉와 〈농식품 연구소〉 후원으로 출간되었다.

엘륄에게는 두 권의 시집이 있는데 모두 엘륄 사후에 출판되었다.
이 유고집을 한국어로 옮기면서 불어를 전공하였고
여러 권의 시집을 발표한 박용주 시인이 기꺼이 함께 한 것은
불가능을 가능하게 하는 유일한 희망이었다.
박용주 시인은 이미 엘륄의 저서 여러 권에 심취해있었고
엘륄에 대한 깊은 이해를 전제로 이 내밀한 시집이 낯선 언어로 번역할 수 있었다.

프랑스어로 출판된 책을 더는 찾을 수 없기 때문에
뒤편에 원문을 함께 실었다.
또한 원서에는 제목 없이 소개된 시가 대부분이어서
번역 시는 원서의 작품 순서대로 일련 번호를 붙였다.

Voici les dieux sont morts et nous les bras ballants
~~machines~~ enivrés absinthes de confort
ciel vide au monde plein de mystérieuse folie
nous glissons soigneusement l'œil de la mort
    lié et relié — lié et délié.
La rage au cœur du spectateur d'un Tango lent
c'est la ballade Relax du mal des trop ardents

L'espoir s'est si bien peint comme une vraie putain
Que nous l'avons suivi faux de l'argent comptant
Et dans sa main tenait une boule d'ivoire
billard rouge que l'on joue, billard de sang
    Grande — merci — blanche — noire
qui s'incline sans y croire, flot l'étang
c'est la ballade Relax du mal des trop ardents

Quand nous avons joué sur des flûtes douces
Et tout un peuple avec, castagnettes des dents
délires de la paix, venlaris de la guerre
Nous avons aspiré les soirées de Médan
    fleur de serre, ~~fleur~~ de verre
mais les vents ont cessé (que) et sont éteints nos chants
c'est la ballade Relax du mal des trop ardents

~~tous qui~~ Notre rêve est monté sur le sommet des Tours
Le corbeau du silence au loin cherchait le temps
Et nous avons été les locns de ce monde
de vouloir apaiser tous les vieux égoïsants
    ~~tant~~ ~~monde de vieux blancs~~
~~trop~~ Et notre cœur a ri de cet étrange autour
c'est la ballade Relax du mal des trop ardents

Les Zodiaques finis sont un livre achevé
Et nous en reversons autour du rebonbon
sur la trace comme des pieds ~~..~~ scolaires
quel plaisir inouï pouvait calmer ~~au~~ temps
    deux voix — fleuve — cantate —
Et nos forces accrues des mensonges amants
c'est la ballade Relax du mal des trop ardents

Prince qui que tu sois — ou qui tu dois prends garde
Nous en avons assez — les dieux sont morts — autant
Celui qui peut vivre et toi rien ne sert que tu fende
attends hurler ces loups du mal des trop ardents

하나

■

오! 주님, 언제쯤 나는 오직 나에게 딱 맞는
새로운 어조를 찾기 시작할 수 있을까요
찬양과 찬송을 위한
낯선 단어, 유일한 말을 언제나 찾을까요
세상은 벌써 당신의 영광과 사랑 넘치게 선포하며
할 말은 모두 다 했는데
이제 무엇을 더 말할 수 있을까요
귀따갑게 들어온 앵무새 같은 말 말고요

이제는 더 이상 쓸 수 없습니다,
나의 주님, 나의 하나님, 당신을 찬양하는 것 말고
인간적인 애원을 넘어
쉼 없는 당신의 새 창조 발견하는 일 말고요

새롭게, 아, 새롭게, 당신의 크나큰 연민 안에서
쉼 없이 부어주시는 단순한 삶의 나날들
당신으로 인한 새롭고도 경이로운 시선

내 슬픈 가난을 채워주신 단 한 분
내 마음 온통 불충과 배신, 거짓이어도
신실하게 남아 계신 유일한 분
당신은 그 모습 그대로, 그리고 날 다시 부르셨으니

나는 되찾았습니다, 순결 그리고 당신의 영광
나는 되찾았습니다, 당신의 사랑 그 유일(唯一)함
오직 나를 위해 간직해둔 것, 이제 알았어요
나는 온통 망쳤으나 당신은 날 조금도 잃지 않으셨으니.

둘
■

이제 우리는 촛불을 끄리니
훈장을 떼고, 그럴듯한 위선을 접으리
단 하루라고 신실한 우리를 발견하리
어린아이의 기억을 닮고 싶으니
단 하루만이라도. 더 이상 견딜 수 있을까
본능의 순간에 나를 내맡기지 않는 일,
자기 허상인 자유, 그리고 자기 운명의 굴곡인
정의와 열정을 더는 부르지 않는 일,
자유, 몽타주, 정의와 열정, 운명의 굴곡을
간청하지 않고 버틸 이 누가 있으랴

그리고 당신이 아이러니한 연극을 올렸을 때
검(劍)은 당신과 상관없이 스스로 휘두르며
또다시 베로니카*를 따라 돌진하지만
당신에게는 은밀한 주인의 마지막 눈짓만 남아

---
* véronique. (투우) 붉은 천 베로니카 케이프 휘두르기

자끄 엘륄 - 13

더 멀리 무얼 찾지 마시라 당신의 기한은 다하고
광기(狂氣) 속 길의 허울만 남았으니
무얼 보길 원하는가, 무얼 볼 수 있단 말인가,
        깊이는 눈속임 뿐
어두운 밤 거대한 뱀은 기어이 먹잇감을 찾아냈으니

셋
■

프로방스의 무너진 벽들
내 계급장 위에는 청금석의 무기
오, 하늘을 가르는 죽음의 사이프러스- 은총

바다 위 장난감들, 우리 손은 손마다 불안한 이식(移植)으로
그 숱한 신호들 속 나의 숙명은 방향을 잃고
끝내 나는 자지러졌으니

넷
■

오, 이미 우리에게 전제된 죽음의 엄혹함
생명이 머무는 깊은 아치여
비밀스럽게 빛나고, 굴절 없이 확장 되노니
가장 단순한 몸짓 그리고 완성된 제물

나의 숙명 알고 있으나 받아들이지 못하네
만일 몸이 마비된 채 죽음이 오는 것을 볼
열린 눈 한쪽만 뜨고 있다면
거기에도 내 삶의 가치 남아 있으련만
이렇게 당신을 부인하기 위해 살고, 당신을 만나지도 못한 채
무의미한 행동과 손길만을 느낄 뿐

다섯

다 같은 오늘인 듯 하나 똑같지 않다.
또 하루 세어보고 지난 한 해 돌아보면
충분하구나, 같은 밀어(密語)들
같은 전화기 속 대화, 같은 목소리
엇비슷한 행위 속 똑같이 짜여진 시간표
자기 목소리로 앎의 희열을 완성하며
부질없는 지식 전달하는 소명만이
의미 있다고 여겨온 똑같은 환상
아, 되풀이! 하지만 결코 똑같지 않다
얼마나 많이 변했던가
그 짧은 일식에도 얼마나 변했던가
이제 그런 내가 아니니

똑같지 않다, 떨리는 절연의 되풀이
그 안에서 놀라 허청거릴지라도.

여섯
■

흐느낌은 이토록 순수하고, 고통은 불순하며
핥는 불꽃이야말로 지옥보다도 더 나쁘니
자지러질 줄 알면서도 끝내 사라지지 않는 망상을
키우며 살아가는 의식이여

일곱

■

탐하노니 바다의 눈부신 고요
거기 내 삶의 독특한 울림을 위한
수천 실타래 중 겨우 알 것 같은
바다 물결 자국을 발견하노니

스스로 숙명을 쌓았다가 부수는
두 번 다시 보지 못할 자태, 파도의 순간
그 누구도 무장의 힘 피해 갈 수 없으니
물은 시퍼런 비상(飛上)을 막고
노래 부르지 못하고 느리게 일어선다

숙명은 오로지 이런 출구만을 만들고
자유를 갈수록 치명(致命)으로 이끌며
절대(絶對)의 얼굴이 흩어진다
그리고 달음질하여 이른 길의 끝과 업적
그것은 결국 아무것도 없음이니

모래 위 거품 한 자락과

굴러다니는 조가비의 주름 하나뿐

유일하고, 새롭고, 대체 불가능한 데까지

선을 긋는 이 누구인가

누가 그 얼굴 창조했을까

자유의 땀 이끌어내기까지 –

지순(至純)한 마음으로 낙마(落馬)한 용병들아

여덟

■

거리, 거리를 유지하라

나를 다스리는 곳 우리 노래는 솟는다
흔하디흔한 불행을 맞아 평온할 수 있다면
그것은 곧 열정과 완전한 힘이 되는 것은
그 은혜 속에서, 얻고, 받고, 원하며
무너질 찰나에 내 아픔을 받아들이고
내 고통일랑 나 밖에 둔 채로 날 돌아볼 때
산들바람 산들산들 불고

    쏟아지며 반짝이는
    이 물줄기 속

먼지 속에서도 비로소 알게 되노니
순간에 깃드는 조신(操身)한 마음
내가 나에게 단념을 허락하였을 때

아홉

■

싸우리, 싸우리, 기어이 선을 그으리
절연(絶緣)으로부터 나를 다시 세우리
특별한 순간을 위하여 이 순간을 행동하리
그리고 내 안의 공허에 맞서 내 안에 집을 지으리
타성으로 닳고 닳은 노래를 충일하게 하리
수없이 손으로 문질러 닳아버린 마멸(磨滅)로부터
내가 확신하는 어떤 말장난으로도 피할 수 없는
이미지를 산(酸)이 한껏 돋우리
이 순간을 또 다른 충일로 채우리
하지만 어쩔 것인가
억양마다 나를 언제나 무장해제하고
충일은 내 변덕을 피해 달아나노니
겸허히 보면 앎이 나를 소스라치게 하는구나

열
■

날카로운 면도날 서슬 위에서도
나는 내 양심의 선(線) 지킬 줄 알리
나는 나의 변호를 거부하리
패배하고 무너진 나날
누가 거두어 줄까 누가 살리려나
매일 밤 나 홀로 끌어안노니
나만을 위하여? 내게서 달아나는 것 도로 내 안에 닻 내리고
오 부서진 부싯돌! 매력, 먼지 그리고 청동
드넓은 들판 위 펼쳐진 구름은
내가 무너지던 날에서야 의미 있었으나
그 의미도 오직 군왕(君王)의 그림자만 남기고
나는 그 지엄한 입맞춤을 받아들였으니
나의 밤이여 – 나는 안다 – 이보다 깊은 밤 없으나
거기 내 사랑 미뉴에트, 맑은 발걸음 미끄러지지 않고
그 무한한 거리 잴 줄 알았으니
나는 끝없이 비끄러맨다, 한번도 엮어본 적 없는 씨줄 날줄.

열 하나

■

궂은 칠월, 내 마음보다는 덜 궂구나
새들은 자기네들 사랑을 믿는 척하고
내 마음은 젊음을 믿는 척하고
나는 말을 한다 그리고 척, 척만 하고
메아리만 메아리치누나
이 덧궂은 칠월에

열 둘

■

나를 바라보렴, 아이야
다정하고 진지한 네 눈빛으로
나의 존재에 대한 너의 탐색으로,
너에게로 가는 걸 그 무엇도 막을 순 없지
네 두 눈에 반짝이는 빛 속에서
갑옷은 벗겨지고 홀(笏)은 바닥에 눕는다
나를 바라보아라, 아이야
묻고 또 물으며 네가 날 활짝 여는구나
네게 말하지만 참 맘이란다
지금 이 순간 내 두 눈에
너의 평온(平穩)이 번진다, 넘치지도 않고–
보이잖니, 신비가 솟아오르는 것이.

열 셋

■

작은 쇠 바람 사납게 놀며 소리 없이 허무를 몰아내고
갈매기들은 마냥 즐거웠다
끊임없이 원천을 드러내는 차가운 바람
우리는 기다리고 있었다
낮게 휜 채 엉겨 붙은 소나무
불을 기다리는 동안에도 삶은 계속되고
다가오는 것 무심한 채 일에 미쳐야만 했다
새는 시간의 간극을 한 줄로 가로지르고
매미는 쭈뼛쭈뼛 자기 목소리도 못 내고
별안간, 거대한 새털구름 바람에 흩날리고
들쥐는 자신의 폐허를 걱정하며 몸을 숨겼다
바닷속 수은처럼 되돌릴 수 없는 기다림
노동의 리듬만 다람쥐 쳇바퀴처럼 이어져
무엇인지 갉아먹는 소리 더욱 모호하다
찰라 마저 짓누르는 이 시간 살피지 못하고
소리 없이 벼려지는 쇠에 무심한 채

극단의 하모니를 지나쳐, 우리들 여기
세상의 혼돈이 스미는 곳까지 왔구나
이미, 우리들에게 남은 것 하나 없이

그리고 내리꽂는 번개

열 넷
■

이미 죽음의 문을 두드렸는데 무엇을 더 이루랴

가차없는 빛에 방사된 채 눈먼 사람아

뒤에 남겨진 것 어느 하나 보지 못하리

네 곁의 어느 것 하나 챙길 것 없다

네 손이 잡을 것 오직 빈터와 침묵 뿐

눈이 멀고 나서야 길 잃었다 생각하는구나

명운(命運)에 이르러 얼이 빠진 채 울부짖는

너의 절망을 유예 없이 듣는구나

그러니 너의 순간을 간직한들 무얼 하겠는가

밀물 그치고 – 달아나기를 멈춘들

사랑하는 존재 그저 존재에 지나지 않는 거라면

그 덧없는 품위를 을러대는 이 하나 없고

너의 시간 한끝도 낭비하지 않은들

모르는가, 그 값이란 죽음 말고 그 무엇도 아닌 것을,

네 사랑하는 존재의 가슴 속 겁박은

너를 더욱 그악으로, 절망으로 몰아
불안한 확신, 피할 수 없는 불협화음을 만드는 것을

열 다섯

■

찬미, 아마겟돈, 돌, 사이프러스, 거짓*

우리끼리 전달하는 요지부동의 횃불

우리 헛꿈을 알려주는 소멸된 상징들

우리 던져진 존재들을 봉인한 자갈 시멘트

말년의 오류를 벗어나

내 역사의 여정, 한결같은 어느 손길이 부여한 기호들

하나하나 짚고 올라가

언젠가 지평선의 십자가 다시 붙들 수만 있다면…

하지만 심판으로 – 불의 전쟁 – 어떤 불이든 – 사랑 반란 지옥

훈장도 없는 전투의 계곡

우리들 광활한 사막을 지나 직면해야 하리

그 너머 금빛 찬양을 발견하기 위하여,

거기 마지막 항구에서 부르는 노래로 족하리

오 언제나 우리 곁에 있는 눈길이여

---

* Harmageddon(아마겟돈)은 선과 악의 최후 전쟁터(요한계시록), Pierre(돌)는 묘비, Cyprès(사이프러스)는 영생을 뜻함.(옮긴이 주)

오 언제나 우리에게 와있는 손길

시간을 거슬러 올라가는 이, 처음과 끝을 이으리니

열 여섯

■

찬미, 아마겟돈, 돌, 사이프러스, 착각
슬픈 파반느*를 추는 아이가 나에게 말하는 것
그것이 바로 내가 좇는 것, 내 마음의 목표
나무는 나를 붙잡고 그 증거로 나를 에워싼다
오늘 내가 노래를 부른다면 그건 그럴듯한 허상
내 스스로 꿰뚫어 보았고 그래서 오해한 것
거꾸로 가는 발걸음만이 진실처럼 보일 때
그리고 그 목표에 다다르는 착각으로부터
끝내는 전쟁 속으로 내던져진 줄 안다
온전한 승자(勝者) 결코 너 자신 아니며
드높은 승자 어떤 영광도 기다리지 않으니
그에게 주어진 영광 이미 너무도 크고
승리는 비싼 대가 치르고 널 위해 주어진 것이니
너에게 바라는 건 오직 찬미뿐,
실망한 네 자존심에는 너무도 가벼운 말이지만

---

* pavane. 16–17세기에 유행한 장중한 분위기의 춤.

열 일곱

타나킬*, 쓰디쓴 이 잔치에서 나는 무엇을 할까
미래의 싹 말고는 내게 아무 야망도 없으니
어떤 왕홀(王笏)도 더는 내 욕망 채울 수 없다
이제는 몸에 밴 품격 따위 느낄 수 없고

내 기억 가장 높은 곳에서 느끼는 쓰라림뿐
내 결코 빚진 적 없는 허울은 벗어던지고
버림받은 행동, 얼굴에 남은 상처 같은 뒤안
날 다시 다잡기 위하여
결국 천분의 일도 가늠할 수 없는 것
나는 기어이 붙들려 한다…
동방박사들의 경배처럼.

---

* Tanaquil. 로마 5대 왕(616–578 B.C.)인 타르키니우스(Tarquinius)의 왕후.

열 여덟

당신들의 낡은 돌들로 내가 무얼 더 할 수 있는가
오, 바다는 사라지고 거기 내 사랑했던 바위들
당신들의 고귀한 영혼들로 내가 무얼 더 할 수 있는가
내가 사랑했던, 나 자신을 비추던 동료들이여
금빛 낙엽들은 정처 없이 반짝이고
겨울 새벽, 너무나 낯익은 하늘들은 위대한 평온을 펼친다
그리고 사랑의 기쁨이여
다만 나는 물상(物象)들의 위대함과는 너무도 멀구나
태양은 다시 떠오르나 그것은 흥분 없는 자명종
천상의 함대 한 척이 닻을 내리고

라헬*과 길 잃은 그 자식들 목소리 아스라이 들린다
머얼리 – 까마득히 – 내겐 더 이상 공통분모가 없다 –
나는 더 이상 답을 찾을 수 없다

**야곱의 첩

나는 수정(水晶)에 둘러싸여 스스로를 가둔 채
환멸하고, 그 누구도 수정을 깨뜨리지 못했으니.

열 아홉

■

바다의 매력이여 우리의 포도 수확을 지나가라
   (아무것도 남기지 않을 불을 생각하라)
줄을 사려라, 이제 그만 너희들 장난감 줄을 사려라
너희들 대천사의 향기도 거두라
우리를 이을 의미를 누구에게도 기대하지 마라

바다의 매력! 대체 누굴 위한 것인가?
      내가 죽는다면…
누가 그 유일성과 그의 빛을 느낄까
내 두 눈은 흙으로 가득 차리, 그리고 나의 부재
오, 증폭될 두려움이여

스물

기차는 우렁우렁 달리고
희미한 수증기의 향기가
너울 같은 쉼, 용서의 쉼을 주는 시간
나는 다짐한다
나를 노예로 삼아온
계산된 세상, 두려운 행렬에
다시는 나를 넘기지 않으리

스물하나

■

푸른 귀리밭과 붉은 밀밭에서
나는 죽은 약속들밖에는 발견할 게 없었다
지금 내가 어그러뜨리는 불변의 순환
스스로 살아있다고 우기는 무(無)의 재생

대체 무엇이란 말인가?
의미를 부여하고 본질을 지워버리는 것이.

스물둘

■

어느 테마

툴루즈

    시간 황량한 거리, 고철 장수 외침은
    순종의 내 마음 하나로 조율하고
    봄은 싱그러워라, 내 성벽을 헐어버리는데
    꽉 쥔 손만은 두려움 털어놓질 못하는구나

파리

    무의미한 사건 속에 내 이성은 사라진다
    고요한 들판처럼 멈추어버린 내 마음
    자의적이고도 선택된 열병
    스스로도 낯선 비극의 되풀이
    그 무엇도 바꿀 수 없는 사랑의 반복

(아이러니만이 달콤한 환상 속으로 날 이끈다!)
내 두려움의 원인이 끝났다는 걸 알게 될 때쯤
나의 계절 마지막은 단 하루뿐인데.

스물셋

■

아무것도, 아무도
아름다운 사막의
쇠구슬들
되찾아 주지 못한다

그 어느 성모상도
네 잘못된 패를 위하여
그 육신에
번개로 들이치지 못하리.

스물넷

■

다른 건 없어, 나는 나의 활력만으로
번개처럼 짧은 시간 여기 머무는 동안
창 들고 당신 쫓는 군사들을 피해 너끈히
이내 달아나리라
오, 나의 용기여, 그지없는 오만에 맞장을 뜨라
오만한 강철이 일으키는 소용돌이치는 물살
탐욕스러운 파도 아래 손짓, 그 외침은
허무한 몸짓으로 사라진다 한들
보라, 그 손 강철을 벼리었으니 – 의식은 달아나고
다가와 당신을 짓누르는 것, 당신보다 못한 것이니
땅거미 나를 가두고 다가오는 밤을 본들
그 얼굴 무엇이람, 무기라는 게 무엇이람
바다 위 아우성도 끝나는 순간 곧 올 터인데
망상으로 무장 한들 무슨 힘 있단 말인가
침몰의 순간에서야 당신의 승리 손에 쥐리니.

스물다섯

■

고독한 날들을 잊었단 말인가
아무것도 우리들 권태로부터 구원할 수 없던 날들
혹독(酷毒)이 우리의 탈출을 꾀했을 때
끝없이 밤의 부조리를 가져왔던 날들
밤이 되면 언제나 – 우리는 밤에서 밤으로 가고
재앙에 재앙이 가난의 밀밭을 덮치고
우리는 다른 이의 눈에서 튀어나온 낟알들을 구걸했지
돌밭 사막 속에서 허락된 오직 한 줄기 빛

오, 유년의 철없는 사랑의 비극적 순수여

스물여섯

■

영혼은 느슨하고 몸도 흐늘흐늘한 아침
밤이면 찾아오는 우연이 눈꺼풀 속에 맴돌아
오늘도 기어이 이루어야 할 승리는 남아 있는데
나른한 기운이 불길한 신호를 기다릴 때
온통 잿 무더기였던 날
그날을 기억하지 않을 수만 있다면
풀풀 솟아오르는 허영의 불꽃
두려움 없이 그 하루 축제로 써버릴 수만 있다면

        차라리 잠에서 깨나지 않고

노세 노세 – 시간이 없다 – 너의 노래를 멈추어라
물레는 몽상의 자리에 너를 데려다 놓고
그리고 임무 – 그리고 반항 – 오 거룩한 망상이
너의 빈, 늙은 몸을 꿋꿋이 가누는구나

스물일곱

■

새콤달콤한 노래로 나를 고갈시키며 유혹하며
끊임없이 길을 잃게 하는 미덕의 그림자여
넘치는 약속으로 나를 기만하는 그림자여
부드러움은 오직 쓴맛을 자아내고
정의는 남에게 그저 얼굴만을 보여줄 뿐
자신보다 더 깊은 곳에서 나오는 실존은 없다

      깊어서
            아, 너무도 깊어
                 떨리고 혼란케 하는 메시지

그것은 모름지기 혼돈으로 지나가리니
어느 손에 이끌려 마침내 같은 수레 안에서
자족하는 미덕들의 흐뭇한 위엄
부드럽고도 애처로운 탄원으로
거기 사람은 끝내 광명 안에서 스스로를 찾고
숫자는 소멸하리니, 공유된 사랑 안에서

스물여덟
∎

이야기

대위법 – 언제나 서스펜스
만일 내가 고통의 실마리 알 수 있다면
그걸 거꾸로 감아 들이겠건만
갖은 모험의 역류
일상의 자잘한 잔돈들
음울한 공간

    쇼윈도우들

구유 안에 갇힌 냉각의 세상
초록빛 네온등 아래 믿기지 않는 금발
이 밤 나의 고통은 태어나고
나는 황금 창살 문 걸어 잠갔다

너무도 잘 아노니, 얻는 이가 잃는 이니
내 몸 위하여 나는 무엇을 내주리?

스물아홉
■

잔잔하며 충만한 바다 – 오, 고요한 돌로미트*
우리들 사나운 과잉보다 더 황량한 광채
감출 수 없는 풍광의 심연을 포착한다
상처 입은 내 열정 속, 누구도 날 결론 내주는 이 없고
나는 내가 믿는 것 도피하려 하나 언제나 헛되고
언제나 덧없는 회한에 잠긴다

영역을 측량하고 이정표를 세우고 또 세우나
그것은 날마다 꺼지고 언제나 실패하였으니.

---

* Dolomites. 일출과 일몰에 빛나는 고요하고 웅장한 봉우리로 유명한 이태리 북동부 산맥.

서른

■

잃어버린 이조트, 지독히도 슬픈 사내 트리스탄*
너 홀로 군림하는 왕국에 들어가는구나
마치 전사가 좁은 해협에서 새로운 트리스메지스트**의
완전한 위대함을 옮기듯

끝내는 오직 네 것을 부여잡는 것만이 양양(漾漾)함이니
공유할 수 없는 - 오 원수들! 불온한 경쟁자들!
그대 바로 그걸 원하지 않느냐? 치명적인 위대함
오르간 소리도 오보에의 울림도 없이 오직 피의 대가

너의 고통의 주인, 회한의 주인아
오직 너 홀로 갈망의 조련사여
비열한 너의 사랑의 높이 다시 가누라
가누라, 오 아직도 재갈 물지 못하는 기사여!

---

* 중세 유럽의 기사 트리스탄(Tristan)과 그의 숙적 마크(Marc) 왕의 약혼녀 이조트
(Iseut) 공주 사이의 이야기에서 인용. 금지된 사랑과 자기 파괴, 그리고 존재적
투쟁을 말함.

** Hermès Trismégiste. 그리스 신화에 나오는 제우스의 아들.

트리스탄, 너는 무얼 했느냐, 대체 어디로 떠났느냐?
죽은 너의 열정의 물결 위를 표류하며
망상, 망상, 망상, 너의 문(門)들은 어디 있느냐
제왕들 – 온통 풀려버린 마음에서 온 거짓부렁

스스로 헛된 열정 속으로 뛰어드는 사람아
차라리 가난하고 거룩한 열매를 거두라
망상 속에서 미친 듯 신기루 같은 구실만 찾는
거짓의 음유시인 트리스탄아.

서른하나

■

바자회에서 나는 무엇을 선택하나
별 그리고 온갖 선물들
미르트*와 그 악세서리들
모든 것은 오이디푸스와 그의 운명

가상의 무대가 꾸며지고 나면
분장사여, 일단 옷을 입히라
그리고 의례적인 행운
그것은 돌아가는가 – 그냥 그렇게 돌아라.

---

* 도금양(桃金娘). 복숭아 빛깔의 꽃이 피는 약용식물.

서른둘
■

금잔화 샛노랗게 피고
송이버섯도 지천인데
가녀린 월귤나무들의 결핍
나른한 겨우살이들의 우둔(愚鈍)

비단실 놀이의 불안한 기분
은방울꽃에 묻힌 감미로운 허영
오월 은방울꽃도 시절을 지나
기쁨 뒤에 남는 것은 죽음이니.

서른셋

■

시간은 어쩌지 못하나 씨앗만은 포기하지 마라
너 머물던 곳
    너를 담고 있던 곳
너의 허기를 뒤바꾸는 싱싱한 나눔
헛되고 일그러진 시간을
너의 손에 쥔 더 새로운 힘과
맞바꾸는 일을 멈추지 마라
그리고 인내의 순간만을 단단히 잡으라
너의 것이 아닌,
너를 잡고 있는 다른 어떤 인내를,
그리고 붙들라, 간직하라
너의 오래된 미래를.

서른넷

■

코르비에르*

강철 꽃이 핀 대지의 비로드
우리를 견디게 하는 부드러운 손들
낡은 문들이 부서지는 소리
불의 포도밭 – 빛나는 왕관들

황량한 영혼의 나라
순식간의 추락에서 오는
난데없이 큰 위로

우리를 흐뭇하게 만드는 섬뜩한 웃음소리
잠시 느슨한 안도감
다른 어느 강가의 환상

어느 오렌지빛 인동덩굴들이,

---

* Corbière. 프랑스 랑그독–루씨옹 지방의 유명한 와인 산지.

대체, 그 어느 졸리운 좁쌀풀이
우리를 깨어나게 할 수 있을까

돌이 머리를 내밀고 우리들의 불복(不服)은
검은 사이프러스들의 요구 속에서
유일한 지혜, 유일한 의무

영광은 부풀려진 과장일 뿐
노래만은 메타포를 만들어주었으나
평형 못 잡는 덜떨어진 저울은
우리들, 하직을 고하게 했으니

서른다섯
■

어느 삶

I

가지마다 열매 주렁주렁 열린 청춘
시간은 시간 속에 약속된 영원을 품고 있었다
저마다 풀풀 넘치는 새로운 향기
우리들 미움에 미움을 더하기도 하고
우리들 온정에 온정을 덧칠하기도 했다
저마다 거창한 약속을 채근하는 시선들
우리가 맞은 세상은 무대장치에 무심하고
시원(始元)의 설계, 그 풍요 속
삶으로부터 죽음에 이르기까지 온전한 신탁만을 품고 있었다

나를 짓눌러 돌로 만들어버리는 중력
말마다 글마다 나에게는 판박이 아리아를 일깨우고
나는 안다, 그 단어들, 그 시간들, 움켜쥔 발톱들

그 까닭들 이미 알고 나는 결핍 속에 살아왔다
싱싱한 삶은 경험 속에 산산이 부서지고
바람 없는 배는 방황으로 나아가고
가라앉는 나에게 나를 다시 던지려는 것은
일어날 힘도 일그러뜨릴 힘도 더는 없는 까닭이니

II

나를 떠나 사라지는 불안한 얼굴이여, 안녕
내게 남은 건 팔짓, 커다란 신호뿐
그 공간에 손이 닿기나 하려나, 의문으로
나는 마스크를 쓰고 스스로 상처를 낸다

나의 불확실, 나의 비탄으로
결핍의 강가에 더는 머무르지 못하리
모든 것 여전히 열려있어 내게 숱한 기회를 준 곳

잃어버린 찰나마저 영롱한 빛이었던 곳이거늘

나서부터 죽기까지 나는 찬란을 거두었다
나는 나이니, 더는 나와 다른 내가 될 수 없다
날마다 왕의 위풍(威風)에 나를 밀어 넣었으나
단언컨대, 왕의 엔트로피 속에서는 모든 걸 잃으리

III

파도칠 때마다 나는 물결 위 높은 곳으로 간다
다음에는 더더욱 센 파도 와야 한다, 그래야 내가 요동치리니
더 높이 치올라 나를 던지면 행운은 내리막길로 가고
또 다른 파도 나를 다잡아 힘을 주리라

내가 즐기는 소용돌이로부터 점점 멀어지지만
마지막 파도 몰려오면 마침내 나는 마지막 주자(走者)
내 죽음 드높아지리니

그때까지 극한의 소진, 결국 고갈되고 짓눌리리라

지고(至高)의 경험. 더 이상 새로운 건 없다
홍수는 영원히 내게서 아스라이 멀어지고
나는 미동도 없는 증인으로 남으리
무정한 여름이여, 무심한 눈이여

IV

그날이 올 때까지, 세상의 경계를 넘어
세월을 되사는 해일이여
내가 무력(無力)할 때 느닷없이
광란의 잔치를 열어 지순(至純)한 파도에 실어
나를 데려가리니, 운명 저편

    그분 자유의 열매 있는 곳

서른여섯

■

예속(隷屬)

아무도 자유를 노래하지 않았다
우리들 나날은 모질기만 하여도
아무도 우리 고통 속에서 부르짖지 않았다
자유 – 우리는 그것이 무엇인지 알고 있었으니 –

모든 사슬에 얽매여 불행할 때
몽포콩* 교수대에 오를 운명이었을 때
자유는 졸도하지 않고
온갖 증오의 대가를 치렀다

샹트렌의 빈민가에서
우유를 구하러 다닐 때
졸부(猝富)들 휴경지에서 고통을 주우러 다닐 때

---

* Montfaucon. 13C~17C 파리의 공개 처형장.

단단히 결박된 자유가
매 순간 우리를 다시 찾아왔을 때
삶이란 자신의 뜻대로 살아가는 것
손아귀 강철처럼 움켜쥐고

법적으로는 농노이나 실은 자유로운 자들
낮은 삶의 마지막 이유였다
평화라는 이유, 전쟁이라는 이유
모든 건 신의 손에 맡겨졌다

그분 도움으로 우리는 살 수 있었다
그분 은총으로 우리는 속죄하고
온갖 은혜로 우리는 쓸 데 있는 자 되었으니
우리가 따라야 할 이는 단 한 분이었으니

자유란 단지 설교 속에 있지 않았으니
헛된 질주들, 아무런 쓸모 없었다
오르메의 전투*, 레베인의 반란**을 준비하며
비로소 고갈될 수 없는 자유여

우리의 고난 속 내면의 자유를 누리며
자신에게는 잃는 것, 신에게는 구원이니
우리들 분노 광풍처럼 일고
두 눈에 철의 번개 번뜩일지라도

맏아들에게 바칠 공물을 들고
우리가 천사들의 코러스에 동참할 때
그 찬양 마땅히 바칠 곳에 바친다는 걸
의심치 않으리니

---

* Ormées. 17C 프롱드 내전(1648~1653) 당시 보르도 민주 공화정파 이름.

** Rebeines. '반란(rebellion)'에서 빌어온 말.

서른일곱

■

왜, 온갖 세상 불행을 짊어지려는가
왜, 낭랑(朗朗)한 봄을 무너뜨리려는가
왜, 열린 우정을 닫으려는가
왜, 내일의 신(神)들을 불태우려는가

"부질없는 고통"에 시달리는 내 마음
왜, 가탈스러운 말로 감추려는가
내 두 눈은 숨기지 못하고 비늘 벗었는데
왜, 넘쳐흐르는 눈물만은 보이지 못하는가

누구에게든 말하지 않고는 견딜 수 없는 이름
유일하고 완전한 내 사랑 이미 알고도
왜, 불신의 신비 속에 갇혀
언제까지, 나로 인하여 나로부터 멀어지려는가

서른여덟

■

새들하고 새들하며, 헛되고 헛된 것을
누구든지 죽음에 찔리는 것을
똑같은 샹송, 똑같은 고통들
앙소르*의 비밀을 왜 기어이 찾으려느냐

왜 끝내 다름을 찾으려느냐
특이하고 기이함으로
네 죄를 변호하려는가,
갈팡질팡 길 위에 서서

사랑, 죽음, 영원히 동일한 것들
흘러가는 시간 – 그리고 단 한 송이
나의 장미를 위한 영원의 욕망
오밤중에 더듬거리는 손

---

* James Ensor(1860–1949). 기괴한 상상력으로 유명한 벨기에 상징주의, 초현실주의 미술가.

모든 타인들과 비슷비슷, 고만고만
그렇지 않은가, 그렇지 않은가
나아가라, 양떼들이여 – 그 어느 사도에게서
너는 다른 이름 받은 적 있더냐

내가 신이 되어 이 모든 것 벗어던지고
나의 참 이름 스스로 지을 수 있으랴
스스로 답이 있으랴…아, 나의 비참(悲慘)
세상 똑 닮은 비참이여 – 하지만 결코 아니니

서른아홉

■

"나로부터의 망명"
                    찬란한 정리(定理)
놀이 끝나고 나면, 외로운 빙하 위
내 불안만이 머무는 곳, 오 불운한 이여
내 자신보다 더 내 집처럼 느껴지는 낯선 땅

날 거스리는 이 없고 – 날 잡아두는 이 없는데
나로부터 나를 들어내지 못하는, 불가능한 노력
어떡하든 신의 심상에 나를 잇고 싶건만

끊임없이 내게서 달아나는 거룩한 프리즘
마침내 거기서만 온전히 내가 되리니
차오른 오만 말고 그 어느 다른 손에 이끌려
나의 눈빛으로 나를 사로잡은 욕망을 딛고 일어설 때 비로소.

마흔

■

잠시 후 영광은 지나가리
그리고 반영(反映) – 그리고 기억의 그림자
거기서 나는 여전히 나를 만날 수 있으리
잠시 후에

       그 어느 젊음의 눈빛도
죽음으로 가는 절망에 주목하지 않으리– 그만이 아는 일
잠시 후 나는 초저녁 어스름 닮으려니
내가 달아나는 시간에도, 내가 누구였는지
아무도 영혼을 알아보지 못하리

아무도 돌아보지 않으리
기도하는 일에 바쳐질 나의 비참
내가 누구인지는
오로지 치명(致命)의 비밀 안에 있으리.

마흔하나
■

비밀스러운, 개켜진, 등불들, 익명들
우리에게 그림자 드리우는 도시들의 찬연한 눈빛
당신의 불빛은 떠밀려, 나는 이방인일 뿐
하지만 당신이 옳아요, 나를 우울하게 하고 싶은 것이죠
아늑한 당신 품에 날 안을 생각 조금도 없잖아요
드높은 당신 비밀 온전히 지키자는 거 아닌가요
당신 모습 지워지는 시간 나는 도망쳐야죠
내가 수치를 당한들, 어때요, 난 살아남아요
고요가 당신 눈꺼풀을 감싸고 나면
          (오, 환상일랑 당신 손안에나 꽉 쥐셔요)
얼음장 같은 객관(客觀)이 당신을 에워싸고 있는 동안도
빛은 온갖 세상 무게를 안은 채 얼띠게 비추네요
내 삶의 비밀 조곤조곤 털어놓는 동안에도

마흔둘

■

나는 과연 이방인 아닌 자로 말할 수 있을까
나는 오직 나의 결핍 속에서 도피만 하는데
갓길에 서서 말하는, 헛되이 방황하는 그림자
소리는 그저 텅 빈 공간을 넘어
가슴 떨릴 일 아무것도 만나지 못하는 것을
왜 다시 시작하는가 – 이런 말 왜 되풀이 하는가
이런 말 던진들 돌아올 것 아무것도 없을 것을
아무도 반기지 않을 터, 내 넓은 오지랖일 뿐
나 홀로 말하고 나 홀로 갇혀 하는 말
내 깊은 심연의 푸념조차 되지 못할 것을
하지만 침묵할 수만은 없어 – 나를 바꿀 수도 없다만
진실로 나인 나를 감출 때 대체 나는 무엇인가
나의 불행과 나의 절망보다 더 진실한 것이여
결핍 잊은 군중에게야 무슨 의미 있을까
관능의 신호만을 사납게 다잡을 이들인 것을,
언덕을 넘어 나아가지만 나는 이미 아스라이

더 이상 나는 내가 아닌 것을…
떨리는 나의 정체, 어떤 확신도 없구나
남이 되돌려주는 때 지난 목소리 말고는

마흔셋

■

너, 너는 무얼 알고 있는가?
        뼈저린 발견으로
        나는 너무 아팠다
        허망하여 울부짖었다
        그리고 입을 다물었다.
        말들은 모두 날 피해 달아나고
        주저앉았다
        가진 건 아무것도 없고
        남은 거라곤 샹들리에와 플루트
        그리고는 아무것도 분간이 안 되었다

너, 너는 무얼 알고 있는가?
        난 말을 할 수가 없다
        미소(微笑) 한 방이
        훨씬 더 의미 있으려니

마흔넷
■

왕은 이제 아무런 즐거움 없다 –
욕망은 죽고 – 눈물은 바싹 메말라 버렸다
무기는 다 내려놓아야 했다
창(槍)은 부러지고 – 카리스마 부질없이
권좌의 왕은 쓰러져 간다

도시는 지상(至上)의 의미를 얻고
우주는 장엄하게 가슴 아픈 침묵 속에서
진리의 애도를 마련하고
교회는 성유(聖油)를 준비하는데

왕만은 아랑곳하지 않는다
더 이상 은밀히 품어주는 밤 없고
자애로운 어둠의 비밀 없으며
눈부신 빛 속에서도
왕은 더 이상 은총을 기다리지 않는다

마흔다섯

■

저마다의 큰길을 간다
큰길, 쇠락의 길
큰길, 고뇌의 길
우둔한 길, 마땅한 길
종이자 주인이다
내 삶은 그걸 따르는 것 – 분명하게, 소박하게 –
저 너머 손 내밀어줄 이 누구인가?

쇼몽*의 푸른 물빛
비밀스러운 모래밭, 울창한 숲과 오솔길
상처 입은 무결(無缺)의 나라
아무 일도 일어나지 않은 곳,
내 삶은 거기 있지 않았으므로

놓여진 다리들 따라가는 길, 나의 큰길.

---

* Chaumont. 프랑스 북동부 오트 마른(Haute-Marne) 지방의 마을.

마흔여섯

■

밤 – 샤갈 – X 좌표

주름 펴는 푸른 눈(眼)

지평선의 황옥(黃玉)

내 위선의 미래

스미는 리듬 속에

클라리스의 꿈* 하나

모두가 날 떠나는 동안

샤갈 – X 좌표 그리고 밤.

---

*Clarisse는 여성 이름임. '잡히지 않는 꿈의 뮤즈'로 해석됨

마흔일곱

■

잿빛 열쇠

부드러운 지하실

어린이들의 놀이

맑은 모래성

무화과나무 향기

오탕*의 바람

과학 – 입술

사랑 – 열병

피의 열쇠

---

* autan. 프랑스 남부에서 불어오는 따뜻한 동남풍

마흔여덟

■

젤란드* 해안 소리 없는 습새

산업의 민초(民草)들 열정 사위는 곳

우리들 씁쓸한 오만으로부터 벗어난 자리

그 안에 궁극(窮極)의 지혜 비추었으니

속속들이 거짓된 도피자들을 소환하는 무거움

돌아가야만 하노니 –

두 눈 깊이 영롱하게

고독한 사유 속 광야(廣野)로

---

* Zélande, 네덜란드 남서부의 주(州)

마흔아홉

해돋이

치명적인 벽에 갇혀 울부짖는 면도날처럼
불타는 해변을 열며 번뜩이는 순간
그것은 우리들 불확실 속 굳건한 승리자
사위어가는 구름 위 황금빛 물결이여

쉰

■

정복

나의 재간을 믿었지, 공들은 하늘을 날고
그리고 내 손으로 돌아오지 않았다
나는 나의 말을 믿었다 – 광기의 말들
모두가 금세 이울고 나서야 내게 의미가 왔다
나는 준다고 생각했다 – 사분오열의 열병이 오고
그리고 의문은 풀렸다
누가 알리오 – 죄다 잃은 뒤에 –
모든 것 얻는 것 – 누가 원할까

스치는 순간에 즐거움을 얻고
얻었다고 믿은 순간 믿음을 잃고
그리고 내 가슴에 너울은 절망이 되어

익명의 검은 재로 끝나는 정복인 것을
아무도 되돌리지 못할 이정표를 세웠노라 믿은 곳

반박할 수 없는 힘을 제공했다 믿은 곳
또렷한 교리 그 열정 희미해져 갈 때

나는 나들목 찾아 헤매며 경멸 가운데 방황한다
문이란 문 죄다 두드려보나 여는 곳마다 빈들이니
머무는 곳마다, 들떠 나대는 일마다
죽음의 숨결이 일러준다, 그것이 무얼 뜻하는지

숱하디 숱한 승리 후에도 강물은 준엄히 흐를 뿐
내 안에서 찾고자 하였으나 끝내 발견하지 못한
최후의 법칙, 지상(至上)의 늑대?
덜 치명인 잠을 찾는 알렉산더처럼

나는 존재한다 - 그리고 그것은 순간, 미끼만을 손에 쥔다
불꽃들의 무상(無常)을 어디에다 잡아둘까?
달아오른 배우들, 누가 누굴 울리는 건지 너무 잘 안다

드라마에 무심한 채 오르가즘에 오를 순 없으니

그것은 처음부터 그렇게 퍼져나간 향수
난 내 자유로 인해 성배(聖杯)를 닫았다
다른 희생을 위한 해방된 인질
난 그저 오해로 인하여 모욕을 당했다

나는 탈출한다 – 내 삶에는 단 하나의 비상구
죽음의 문턱에서야 비로소 안다
나 자신에게 – 마침내 지쳐버린 – 홀로, 이음 없이
내 길의 주인 마치고 나면 난 무엇이 될까

몸을 벗는 시간 시선은 어디에다 둘까
끝내 얼어붙고 그리고 옮겨지는 영혼, 몇 푼이나 될까
장례(葬禮) 그리고 금세 내릴 만장(挽章)을 위하여
내가 제일 싫어하는 풍경, 각주 달기

나에 대한 어두운 혐오 – 맞닥뜨릴 능멸

이 차운 시선, 내가 나를 내려다볼 때쯤

나는 더 이상 아무것도 아닌, 스스로 만든 것일 뿐

도급 계약 어떻든 벗어날 수 없으니

나 밖에서 일어날 단순한 사실 – 빙하의 징후처럼 격한

가늠할 길 없는 배신

돌멩이의 잔치를 위한 공허한 부름

단번에 해소될 두려움의 되풀이

너무도 잘 아는 마치 어느 파면일(罷免日)처럼

수없이 우르릉 우르릉 울렸으나 – 단 한 번 듣지 못한

내 안의 나를 배신한 수없는 날들

그날들, 그 어느 천사도 바꾸어주려 하지 않았다

그토록 순전하고 은밀한 가장(假裝)의 엘랑트*
가면을 쓰고 순진하게 기꺼워하는 유일한 자
이 이중의 광대버섯 놀이는 어디까지 이어질까
대체 어디까지 뻗을거나
라다눔** 향 짙은 너의 시스터스***여

내가 왔다 – 하지만 그 시선 뒤에는 그 어느 손길도
내 손을 진심으로 잡으려 하지 않는구나, 우애 가득한 손이거늘
얼굴은 돌아가고 – 느닷없이 얼어붙고 – 너무 늦었구나 –
빌라넬****을 들으며 비난할 이 누구인가?

사랑을 선택했다고 믿었다 – 사랑의 오르간과 축제들
그리고 퍼뜩, 모두 이방인임을 깨닫는다

---

* Elanthe. 소리없이 이동하는 사바니 영양(羚羊) 이름.
** ladanum. 강한 향을 지닌 나뭇진 이름.
*** ciste. 지중해 연안산의 관목 이름.
**** villanelle. 16세기 말엽 정형시 조의 목가(牧歌).

부질없이 고갯마루 오솔길 따라왔구나
결국 우리의 미래는 도살자의 손을 가진 것을

그리고 철(鐵)은 나만을 위하여 말하리
누구든 모를 리 없는 이야기 내게 들려주리니
그리고 이 단순한 죽음 속, 만드라고라*
뿌리도 내리지 못한 채 – 사막에 주문(呪文)을 걸었으니

에워싸였다 – 이미 포위되었다 – 네가 빛을 원할 때
한순간에 쓸모없이 굳어버린 대리석
네가 뒤집을 줄 안 순수한 열매의 자존
에워싸였네 – 이미 포위되었네 – 네 두 손이 풀려나기를

피는 두터운 침묵 속에서 끝내 꽃피우지 못하고
동맥은 가소로운 눈가림 속에 텅 비어가는데

---

* mandragore. 사람 형상을 닮은 가지과(科) 약용식물. 마법의 식물로 알려짐.

그 가운데 속삭이던 더욱 또렷한 소리
꺼져버린 의식을 피해 달아나는 침묵으로부터 왔으니

위대한 날들의 종 다시는 울릴 수 없었다
날 피해 달아나는 시간은 또다시 내게 언어를 드러내는데
항상 다시 시작되는 것, 대체 어떤 은총 어떤 침몰을 위하여…
끝없이 소진(消盡)하는 – 대체 누굴 향한 소청(召請)인가?

쉰하나

게임의 에메랄드에 싸여, 비단의 위험에 묻혀
누가 나에게 잊혀진 언어를 중얼거리도록 한 걸까
모두 끝나고 – 모두 갈무리되고 – 모든 것이 굴절되어 –
그대를 넘어 오직 은총, 네가 믿어야 할 것 이것이니

쉰둘
■

누가 이 솟을대문을 열고 올 것인가
오팔을 모욕하는 거꾸로 된 십자가를 꺾고
사랑을 모독하는 뒤집힌 꿈을 헤치고
어떤 가면을 쓴 전투의 천사가 오려는가?

쉰셋

■

우리는 지금 시제(詩題)를 사냥하고
모호(模糊)를 파헤치며, 의미를 풀어내며
진리의 이름으로 모독(冒瀆)을 거부하노니
겪어온 속임수, 쓸모없는 섬광(閃光)

부재, 결여, 압생트 술, 오 거짓이여,
존재의 공허를 위한 실존의 담론
어둠 속에서 존재는 텅 비워진 채
지극(至極)의 자아에 대하여 답 없는 담론

오호라, 패한 줄도 모르고 스스로를 넘어
자기 담론 위에 이식(移植)된 담론을 거두는
대화와 의미, 그리고 몸으로 겪는 진실들이여.

쉰넷

■

수평선의 애가(哀歌)를 노래하라
별장들과 영주들의 땅 –
흐드러진 꽃들과 술 따르는 이들
법정 변론, 모두다 조기(弔旗)를 들라

말(言)들은 죽고 – 모든 건 감소되고 –
모든 건 군집으로 귀결된다 –
헛된 표징들 – 우연이란 없으며
우리 혈통에 공짜는 없다

슬픔을 노래하라 – 떠나라
우리가 사랑했던 바람의 그림자들
빵이며 포도주며 – 오, 구슬픈 것들
피는 더 이상 없으니 – 번들거리는 매력뿐.

쉰다섯

낯익은 것들은 느릿한 이성
보이지 않는 것이 무게를 더한다
눈앞에 찾아온 그 어떤 놀라움도
너의 불행 덮어주지 못한다

찬란함 속에서 바동바동 몸부림으로
숨 막히는 언어들을 거부하고
너는 표적으로 삼은 것을 붙잡았으니
갓난아이이기를 멈추고 결국 자유를 믿어라

호박(琥珀)을 닮은 빛을 선택하고
단 한 번 너였던 적 없는 것 품에 안은 채
너를 위한 너의 흉내 흘러넘칠 때
그것은 이방인의 자잘함 – 규범.

쉰여섯

■

하늘의 괄호여
나는 오늘 나를 따독이며
구질구질한 황금 게임
유희를 벗어나려 합니다
그리고 까마귀의 비행
세상 목소리들을 가로채버리는 것들
나에게 길을 일러주지만
도무지 따를 수 없습니다
마귀들의 비행은
청동의 부름 뿌리치는데
나는 온전히 기다립니다
당신의 손
하늘의 괄호여

쉰일곱

■

그리고 아메리카 상처 홀로 돌아섰을 때
어지러운 기운으로 옆구리 할딱이고
더 예리하게 스미는 그림자, 베로니카*
모든 건 맨살로 드러나고 우리들 두려움 고개를 숙인다

그리고 육신의 상처 치유되고 난들
모든 건 다시 처음 한숨으로 남아
영광의 순간, 날개 부러져 내려앉았을 때
우리 안에 미미하게 남은 베텔게우스**의 사랑

부서지고 또 부서져도, 그래도 멀었구나
다 벗어진 건 아니니, 여전히 파랑돌***로 남은 자리
사나브로 빛은 거대한 상징의 놀이로 파고드나니
가진 것 하나 없으나 이 상징 하나로 족하리.

---

* Véronique. 고난받는 예수 얼굴을 닦아준 성 베로니카.
** Bételgeuse. 오리온자리의 찬란한 거성(巨星).
*** farandole. 프로방스 지방 전통춤.

쉰여덟

∎

오, 사랑하는 미래여
오, 값진 경이(驚異)여
오, 소중한 미래여
부디 깨어나지 말라
제아무리 눈부신 태양에도

오, 사랑하는 미래여
너의 위풍을 지키고
아무것도 낭비하지 말기를
우리들 그른 꿈
허허로운 이적(異蹟)들 속에서,

오, 사랑하는 미래여
꼭 쥐어 지키라
너의 두 손 가득 보물들
재와 연기
오, 가망(可望)일랑 – 가만히 잠들라.

쉰아홉

■

당신은 내게 미움을 가르쳐 주었어요

당신을 사무치게 미워해요

내 가진 건 사람의 손뿐

난 언제나 죽음으로 디들어*

홀로 되돌아갔으니

나의 무기에 짓눌린 채

일천 번의 경보가 울리는 광야로,

거꾸러진 곳, 거기 위대한 만남을 위하여

나무는 왕 – 바람은 나의 처소

새를 유혹하는 일, 그 우둔함 속에서

우리는 우주비행사의 길을 앞질러 갔어요

반짝이며 노니는 새들이 우리를 유혹하는 곳

당신이 말을 걸었을 때, 그저 가냘픈 사랑

한없이 가냘퍼, 거친 우리들에게 그것은 결핍일 뿐

당신을 붙들었으나 손에 쥔 것 하나 없었으니

---

* 디들다. '찌들다'의 고어.

– 불타오르는! 오 불덩이는 얼얼한 화상(火傷)으로 남고
사랑은 오직 당신의 매서운 부재 속에 일었으니
그리하여 나는 앞으로 나아가요 –

이런 놀이 이런 빛, 무슨 소용 있을까요
한때 내가 믿었던 사랑의 기억, 그것 아니라면.

예순
■

앎의 골짜기에서 나를 붙잡는 하얀 번개
무모하고도 헛된 제물을 요구한다
수의(壽衣)는 왠 것이고 향불은 왠 것인지
나 홀로 바라보는 두려움으로 우그러진다

철(鐵)의 고갯마루 넘어 나는 무엇을 알려나
떨리고 아리송한 내 두 손에는 무엇을 담을까
어느 심연에 잠겨, 밤낮으로 어두우니, 오 여왕이여
누구와도 나눌 수 없는 부질없는 씁쓸한 보물

어리석게 지금 이곳에 머물 수는 없다
끊임없이 탐색하고 서두르지 않고 요구한다
부인하는 육체와 굳어버린 이 몸을 위해
언제고 번개는 나를 좇아 달아나는 나를 잡는다

예순하나

■

태양은 나를 지우며 게임에서 승리하고

불타오르는 욕망 속에서 가면은 벗어졌다

스스로 희롱하는 덧없는 양심은

끝내 손 잡을 이 없는 부재 속에 사라지네

되돌릴 수 없는 대상에 맞서 무엇을 할 수 있으랴

나는 나이어야 하건만, 나의 잔꾀 나를 넘어서

나의 존재를 초라한 변명으로 도피하거늘

비밀에의 도전이 무슨 소용 있을까

끝내 내 차운 열정보다 더 열렬한 숫자들

양심으로는 언제나 타인에 매여

은총의 불에 데기를 거부하는 오만

신비에는 이방인, 죽은이에게는 눈물 한 방울 없는.

예순둘

비바람 사나웁게 치받고
밤 깊어 오고
오가는 이 북적대던 길
너는 어디로 달아났었느냐

빛은 내게 너무도 가까이 있어
내 두 눈이 멀고
주머니 속의 사랑
그리고 또 다른 주머니에 있는 하나님

넌 누구 탓에 귀 먹었다 생각하는가
너무도 확신에 차 방황할 때
설교를 멈추지 않는구나
프라하에 더는 재판이 없으니* –
너에 대한 재판도 더는 없으니

---

* 체코슬로바키아 공산주의 시대의 재판을 의미하는 듯함.(옮긴이 주).

게임은 모두 끝났거늘

오가는 이 더는 없고
너는 너의 길 너무도 잘 안다
막다른 길의 모험 –
저 해초(海草)들을 지긋이 바라보렴.

예순셋
■

아, 다시는 연금을 위하여 저축할 일 없으리
다시는 노후에 대한 희망 가질 일 없으리
다시는 빈 영혼의 허물 채울 일 없으리
영원한 사랑의 메아리, 더는 들을 일 없으리

지나가며 굴러가는 풍광을 보라
여전히 되풀이되는 쓰라림의 원칙
파도는 해변을 경멸하며 퇴각하고
거기, 이지러진 우리 사랑 소멸 말고 무엇이 있었는가

예순넷

■

유통기한이 지난 어두운 즐거움
사랑은 한숨 지으며 꽃을 거절한다
정확한 증오는 침묵을 바꾸어 놓고
가처분된 시간은 우리의 거짓을 드러내고
세상은 나에게 어긋어긋한 의미뿐
나는 거기서 반항의 노래를 찾았다
거기, 불길(不吉)한 물이 불멸의 꽃 피웠으니
죽은이들이 버린 간 황량한 노래
나에겐 지금 은밀한 응급의 시간만 남았는데
정작 내가 찾을 수 있는 건 이다지도 적구나
카타콤*처럼 살아온 시간들
시든 나리꽃처럼 잃어버린 시간들

---

* catacombe. 초기 기독교 시대의 비밀 지하 묘지.

예순다섯

■

죽음의 문명으로의 순례

어떤 그림자인지, 신사들이여, 이토록 짙을 줄 몰랐노라
느닷없이 빠져들어 까맣게 나를 잊는 이 부재
모름지기 단순한 내 반사적인 문제이리라

하지만 이 가처분에 우리가 휘둘린 거다
우리가 그 비용 지불하고 있지 않느냐
여전히 확신하지도 못한 채 말이다.
    그리하여 무엇? 별?
    아침?
    어느 희미한 기억, 혹은 운명의 선택.
우린 이제 더 이상 속지 않는다. 우린 모든 걸 표류하도록
내버려 두었다.
그리고 그것은 우리로부터 멀리 – 공포의 세계로의 서막
– 단두대 위의 퍼레이드.

우리들 뱃속에 쪽빛이 있다.

있고 말고 – 딴 데 있지 않다 – 붉은 깃발 위에 있는 것도 아니다

거대한 예방 장치가 끊임없이 우리 고막을 울린다

그리고 우리는 바짝 마주 보고 있다

그 어느 시풍(詩風)도 없이

서로 주고받는 거라곤 없다

그 어느 깊이도 밀도도 질량도 두께도 없이

신화도 없고 달무리도 없고

그저 최상의 소화(消化) 상태로

무소부재, 세계화 문명의 음식 덩어리

온갖 능숙하고, 온 누리를 차지한 채

우리는 언제든 거기서 우리를 확인할 수 있다는 믿음이 있다

하지만 날은 어두워 오고 우리의 후식은 여전히 기다림

모름지기 나는 오로지 폭 삭은 배설물, 그 광영 누리리니
쓰일 만한 건 이미 다 쓰였고, 다들 돌아버린 채
어떻게든 다시 얹을 벽돌을 찾는구나
딱 멈출 찰나에 있는 거대한 코케시그루*
(긴 망또 – 금발의 곱슬머리 – 그리고 두 눈
어둠과 거무죽죽한 빛 외엔 아무것도 바랄 수 없는)

그거 말고는, 당신들의 나팔 소리 울려도 좋다
일을 위하여, 정오의 종은 울리고 – 임무를 위하여, 십자군 – 그리고
조국 혹은 프롤레타리아
닭의 깃털을 뽑거라 –

주교든 평민이든 노동조합 서기든, 총살당한 당수이든 –
로렌느 십자가와 낫의 십자가 – 달러와 성수(聖水) 용기 – 칼 –
붉고도 흰 별 – 외계인 대사와 인민 위원 –

---

* coquecigrue. 상상의 괴조(怪鳥) 이름.

가난뱅이들과 모든 원수(元帥)들의 불행의 초현실주의 시인
새로운 엘리트들은 가로등에!*
만일 대포가 있다면
더 이상 소리는 없으려니.

*
**

튀어나온, 차가운 광택

그리고 노르무레하다

첫 살인을 위하여 연마된 돌

아주 순전하고 무심한 강철

격렬한 폭발 한가운데 앙상한 성기의 가짜 쾌락

분노의 거짓 발정 한가운데

그리고 두려움의 진실

그리고 노란

---

* À la lanterne! 혁명 당시의 외침 '외침 "Les aristocrates à la lanterne!(귀족들을 가로등에 매달아라)"에서 유래.

눈(眼)

뒤틀려, 울부짖고, 흐르고, 퍼져나가는 얼굴 한가운데

열정은 곪아서 터져버린 낯과 몸이 굳은 가운데

튀어나온, 차가운 광택

눈(眼)

빙빙 돌고, 망상(妄想) 속 무기력으로 자기 위에 개켜

난 알아, 그 뒤꼍에 있는 것, 그리고 뜯어내고 싶은 욕망

감정도 없고

표현도 없으며

그리고 노르무레한

    부동의 한 가운데

     죽음의 소용돌이 속

껍질, 나는 그 격리를 잘 안다, 눈(眼)과 언어 사이의 절연(絶緣)

그리고 네가 숨기고 있는 것

천만에요 –

　　　　　넌 아무것도 숨기지 않았어
비극은 바로 거기에 있다
유일한 중심이 나의 낯과 몸, 그리고 이 세상을 고정한다
고정되지 않았다
안정되었다
　　　　튀어나온, 차가운 광택
　　　　그리고 노르무레하다
왜냐하면
그는 덮는다
무(無)

　　　　　　　　　**
　　　　　　　　*

산티아고, 산티아고, 기억 그리고 열패(劣敗)

그리고 갈구(渴求)의 길 가는 순례자
끝내 맑은 영혼의 뼈만 발견한

고비 고비를 넘어, 애원(哀願) 또 애원을 지나
우리는 날로 덧없고 날로 텅 빈 머리로

이 고통 –

무상(無常)한, 언제건 다시 태어나는 것
오늘날이든 1940년 경 일이든
우린 잘 이해하였으나 헤어 나올 순 없다
박하(薄荷) 잎새처럼 오솔길에 으깨진 채로
가무러지는 내음 더욱 문란하고
몸과 마음 – 골수 – 그리고 우리는 … 아득한 순교자들

오리샬크

사르두완느와 크리솔리트 – 오닉스* – 찬란(燦爛) – 비참
완벽한 빛들로 뼈를 뒤덮으며

---

* Sardoine, chrysolithe, Orichalque, onyx는 옥(玉)의 원석 이름들.

특이한 불꽃들 – 강철의 불꽃들 – 술 취한 원자(原子)들
죽음을 통해 더욱 완전해질 아름다움
그리고 아무것도 남지 않아 – 온전한 불꽃 – 그토록 소중했던 생명들
우리들 생존을 위한 케케묵은 구실들.

*
* *

죽음의 씨눈, 우리의 행동 중심에 짓눌려 개키어
얇은 입술로 피어오르길 기다린다

    우리의 변질된 본질에서 나온 파리한 잎새들
    우리들 가치에는 무관심하고
    썩지 않을 우리의 희망에 차갑게 등 돌리는
    끈질기게 우리의 심장과 신장, 그리고 우리들 숨결에서
    줄곧 싹트는 썩어질 언약
    (그 젖으로 우리들 죽음의 머리를 키워, 불멸의 망상을
    창조하는 상수常數)
    심지어 자궁 안 태아일 때부터
    우리의 피로부터

태초부터 전수된…
이 세상 온갖 독소가 모인 씩씩한 부대 –
　　　이 얼마나 열렬한 몸종들인가 –
사방 돌 담장 안, 경이로이 피어오르는 자멸(自滅)

느닷없는 치명(致命)

치명적인

주인님 밭이랑에 들어가는 일꾼들
그 가없이 진실한 서슬의 낫까지

영혼 –
우리를 꿰뚫고 끝내 이기는 유일한 성령(聖靈)은
죽음을 온전히 보증하는 마지막 싹을 베어 가는데

　　　　　　　　*
　　　　　　　**

투명한 유리 뒤의 허깨비들
기형(奇形)들

나를 너무나 진지하게 여기는

얼굴

부질없이 바쁜 사람들

제각각 한 발자국

      내려가고 나아가고

      하지만 오로지 하나의 목표

      (첫술에 배부른, 아무런 준비도 없이,

      단 한번 나를 꼼꼼히 들여다본 일 없는 내 안의 아이야)

죄다 정신없이, 낯들 사이 없이, 어마어마한 일로

역사와 세상 앞날을 일구는 이들

보지 못할, 볼 수 없는 세대를 위하여

곧 잃어버릴 것을,

마치 우리의 것인 양 – 더도 덜도 아닌

죽음의 입은 만족을 모른다

죽음의 자리는 묘지가 아니다 –

묘지는 옮겨야 한다

그리고 넓혀야 한다

벽을 다시 세우고 무덤을 이식(移植) 할 일이다
묘지를 시술하고
낡은 해골들을 납골당에 내던일 일이다

그리고 온 세대가 쓸 죽음의 자리는 족하다
공간이 반듯하든 구부러졌든 상관없으니

역사를 만들고, 그것으로 스스로 위로 하는 열차들 거울에 비친
일그러진 유령들
착하게, 부지런히
마치 난쟁이처럼 –
그림자의 그림자
거울을 지나치며 흘낏 너를 보라
네 눈 속의 네 눈

……………………………

너는 가라앉는다
짙푸른 바닷속으로, 천천히 무의식 속으로 가라앉는다,

침몰하는 잠깐, 질겁하는 커다란 눈들
이어서 담담히 찾아오는 재즈와 편안한 향연(香煙)
참으로 찰나이어라

판이 끝났다
너는 더 이상 잃을 게 없다
카드는 던져졌고 공작새들은 깃털을 펼친다

가라앉는 일
이 순간 이 무게를 내려놓고
그리고 알아라, 소슬대문 지나
위스키를 비우고
주악이 울리고 나면
섬광(閃光)이 너를 기다린다
알 일이니, 찰나에 오는 으름장
검은 다이아몬드 날카로운 촉 마냥
불타오르는
길을 잃는 것
이 소리보다 강렬한 것 없으니, 내가 증오하는 -

사람아, 일어서라! 피의 꽃들은 망울을 터트리고
골수는 밖으로 흘러 포도(鋪道)를 새하얗게 덮으리니

비로소 마침내 온전한 진리
평생을 찾아 헤맨 것을 얻으리니
그것은 더 이상 놀이가 아니니

*
**

아, 내가 가지지 못한 것들
    연기, 거석(巨石), 교수대
더 큰 열정
    시간이란 얼마나 올곧은 것이냐
온갖 목동 대장들, 온갖 콘트라 댄스들*
더 이상 아무런 의미 없으니 – 더 이상 봄은 아니니

작은 집들, 작은 연기들
작은 빛
    그리고 저마다 사랑스러운 작은 삶

---

*contredanse. 격을 갖춘 느릿한 18C 말~19C 초의 귀족 댄스.

무한히 자기 안의 동의와 비밀이 있는 삶
                아득한 안개 속 –
      떠듬거리며, 눈먼 채로
더 이상 나를 채울 수 없어

온갖 고름을 자아내는 찢긴 언어들
오, 인간의 잠 속에서 태어난 도깨비들
그리고 수평선까지 뻗은 무심한 철길

너는 왜 울고 있는가?

지상을 삼키는 안개 속에 보이는 네 유년의 얼굴

그것이 너의 인격인가?

    죽음으로의 퇴각 –

나는 더 이상 널 따를 수 없어, 난 다 잃었어
넌 울며 소리치고 – 또 소리치고 울며

레이더는 벨 60*버전으로 너를 따르고
마냥 울불며 끝없이 을러 메이는 너는
일어나라! 너 홀로 – 계급장 떼어버리고
너의 도구도 아니고 – 너의 당(黨)도 아니다
가녀린 네 두 발로 가라
    너를 사랑하는 그것을 향하여
나아가라
    거기, 내가 거기 있거늘
        … 오, 왜 너는 떠날 줄 모르는가…

*
**

산딸나무 열매가 무르익었으니, 죽을 시간이다
얼마나 긴 시간 어두운 밤에 잠길까
리듬들 – 우리가 어디다 초점을 둘지 알았다면…
보라, 거대한 물결로 그들 깃발은 나부낀다

숲이여, 우리에게 신호하는구나

---

* Belle 60. 시적 미학을 대리하는 문명을 말하는듯함

그리고 얇디 얇은 땅 위에 늘어선 휘장들
고만고만한 것들
우리가 응시할 것은 더 이상 하늘 아니다
바라보라, 그리고 어느 환영(幻影)에도 떨지 말라
인간의 겁박들 똑똑히 헤아리라

      (아무도, 아무도, 아무도 오지 않아, 너를 위협하지 않아!
      아무도!)

그들 중 누구도 네 피를 요구하러 오지 않으리
너는 온전히 한 사람 기다릴 수 있으니
모름지기 너의 시선이 그 조짐들 물리치고
포도나무의 불은 네 손 안에 놓여있어
그 불은 해방된, 죽은 이들도 더 이상 꺼버릴 수 없다 –

은밀한 삶에서 놓쳐버린 봄 말고는
우리 멈추지 않으리, 우리 사랑하지 않으리
널부러지며, 잠시 잠깐 백색 찬란함을 덮는 연기
      공정하게, 얼음장같이

우리 더는 사랑하지 않으리, 더는 평화 없으리
사나운 바람에 거덜난 이 은밀한 피난처 – 보라
아득히 먼, 미동도 없는 공간에서
불운의 까마귀는 주사위로 결정되고 있으니

예순여섯

■

제대로 겨누지도, 제대로 둘러보지도 않은 이들
수수께끼 같은 그들 마음 내게는 여전히 우렁잇속
내 삶이 그리로 넘어갔으니 – 내일도 없이 – 하릴없이

아, 무지할 수 있다면! 나에겐 오직 그것뿐
유일한 의식, 잃기를 거부한다
우리의 탄성을 앗고 정신을 찢는 섬광 속
잠시나마 유일한 가멸의 무게를 위하여
소용돌이, 소란, 그리고 격정에 분연히 맞서

명료함, 명료함, 명료함
딴 건 없다. 보는 게 너무 많아 죽고
홀로, 홀로라서 죽는다

사랑하는 이에게 난 지독한 술을 강요했구나
(아, 내 뜻과는 가꾸로!)
내게 다가온 평온 어쩌다 있었으나,

풋내나는 너의 눈물은 거두라
너는 할 일 힘껏 했으니
그 모든 역광 속에서 나무들은 하얗게 빛나고
너는 우리가 만든 도깨비들의 결빙(結氷) 속에 잠긴다

깊은 밤 내가 끌어안는 낯선 친구들이여
문명의 아우성은 우릴 고립시키나
몽상의 체스일랑 그냥 받아들이고
세상의 광기 멀찍이 바라보며
꿋꿋이 가라, 외로운 길, 너의 길

예순일곱

■

　피를 싫어한다. 그리고 나는 끝없는 전쟁 중, 당신을 압박한다 – 용서할 수 없는 죄 – 하지만 내가 무얼 구한다고?

　누가 이런 말을 할 수 있으랴? 이미 구원받은 것은 따따부따할 일 아니다아, 정의의 태양이여, 너의 결별은 어디에 있는가? 확증은 우리에게 결여된 채, 앎이 우리를 속인다 – 기다림 – 우린 안다, 기다려야 한다는 것

　그리고 우리는 듣는다, 삶이 우리들 손가락 사이로 새 나가는 소리를.

예순여덟

■

두개골

I

우리 발밑에 던져진 딴딴한 물체, 동의어
한때는 고백의 양심, 꿈으로 농익었던,
이제는 근엄한 봉우리로 맨살만 드러나
천둥소리도 없고 그저 옹이진 땅으로 남아
몸
영원히 발가벗겨진 – 부서질 것만 같은 영원
자신도 알지 못한 채 도망 나온 – 삶의 옹졸함
이번엔 가차 없는 침묵에 갇혀 –
우리 손이 닿을 수 없는 곳 – 당신은 날 따라올 수 없다 –
그리고 지금 이 시절 – 몇 세기나 더 흐르려나
무력(無力) – 무거움으로 저 아래 심연으로 내려가
홀로, 또한 뭇별처럼 무수히 – 고고하게, 휩싸인 채
고독한 군중의 운명을 완수한다

이후 이 땅, 나는 묵묵할 수밖에 없다
대리석보다 더 잠잠히
    – 그리고 더더욱
날 따돌려놓는
      헤아릴 길 없는 결여.

II

죽음이라는 걸작, 순전함
지나간 욕망의 소멸, 피동적인 잡소리
사랑 그리고 피로 얼룩진 불협화음의 건반
모호한 멋을 사랑한 그 어느 조각가가
형상과 바람을 능히 아우른 걸까

죽음의 걸작, 그러뫼고 헝클어뜨리는
우길 도리 없는 자초지종 – 영원한 각론
너무나도 낯익은 문턱
치명적인 구조, 또렷한 가설 – 작업의 혼돈 –
고난의 길로 치장한 죽음의 허위.

예순아홉

■

카니발 – 보헤미아의 왕
트레포네마*의 끈질긴 놀이
눈을 내리깔은 모호한 아르미드**
가짜 얼굴보다 더 진짜 같은 가면
당신의 발자취엔 아무것도 남지 않았으니
상처받은 한 마리 개의 얼굴 말고는

---

*tréponème. 스피로헤타과(科)에 속하는 매독균

**Armide. 고대 서사시와 오페라 인물 중 하나. 사랑, 마법, 배신, 내적 갈등의 캐릭터

일흔

■

내가 알던 불꽃, 그토록 따뜻하게 타오르던,
한 줌 재가 되어야 비로소 끝나던 절대 요구
지금은 지난날 놀라움 전혀 발산하지 못하고
그저 유연하고 모호하며 덧없는 창조의 절대 요구
– 그저 깨부수는 피조물들 – 덧없는 – 그저 사나운
능력도 없으며 하늘 높은 줄 모르는 권좌의 불꽃
가장 높은 빛의 찰나에
오직 운행에만 스스로 몰입된 채
절대 갈구만이 분출하고 당신은 당신의 본질을 헐어버리고.

Silences

Jacques Ellul

Quand donc ô mon Seigneur pourrai-je commencer
à trouver ces accents nouveaux qui seuls me conviendraient
Ces mots inattendus, ces paroles uniques
pour dire ta louange et mon adoration?
Tout a déjà souvent proclamé cette gloire
et cet amour unique en quoi tu l'engloutis
Tout a lors été dit et que pourrai-je encore
qui ne soit entendu si souvent répété.

Et pourtant maintenant je ne puis plus écrire
que pour chanter à toi mon Seigneur et mon Dieu
pour trouver au-delà des instances humaines
ce qu'inlassablement tu recrées de nouveau

De nouveau! ah nouveau ce simple jour à vivre
que tu me donnes encor dans ta grande pitié
et nouveau ce regard nouveau émerveillé par Toi.

Le Seul qui m'ait comblé dans ma pauvreté triste
Le Seul qui soit resté fidèle alors que tout mon coeur
devenait infidèle et traître et plus menteur
mais tu as maintenu, et tu m'as rappelé

et j'ai redécouvert l'innocence et Ta gloire
et j'ai redécouvert l'unique en ton amour
pour moi seul conservés, et j'ai redécouvert
que tu m'as rien perdu de ce que j'ai gâché.

Nous allons maintenant éteindre les chandelles
Enlever les rubans, clore les faux semblants
Nous allons pour un jour nous découvrir fidèles
Et nous vouloir pareils aux souvenir d'enfants
Pour un jour. Qui pourrait soutenir davantage
de n'être pas livré dans l'instant des instincts
de ne plus appeler liberté, ses montages
et justice et passion, sa courbure au destin

Et quand tu l'as jouée cette pièce ironique
dont l'épée se déploie contre ton prore gré
fonce encor cette fois au gré des véroniques
Il te reste un clin d'oeil de l'hôte plus secret

Ne cherche pas plus loin ta limite est atteinte
En la folie n'est rien qu'apparence de voie
Que veux-tu voir, que peux-tu voir,
          la profondeur est feinte
Le grand congre du soir a retrouvé ses proies

Murs écroulés de la Provence
Arme d'azur sur mon blason
O cyprès d'écartèlement
de l'unité du ciel – Clémence

Jouets sur cette mer, greffons
instables de nos mains, ma chance
a perdu dans ces signaux son sens
et tout moi-même de dément

O rigueur de la mort qui déjà nous sous-tend
arcature profonde où repose la vie
et secrète illumine, inflexive distend
le geste le plus simple et l'offrande accomplie

Je connais mon destin mais ne l'accepte pas
s'il ne me reste plus dans la paralysie
que l'oeil encor ouvert pour voir venir la mort
là reste cependant la valeur de ma vie
Je vis pour te nier mais je ne te rencontre
et ne perçois que l'acte et la main superflus

Voici ce jour semblable et pourtant non pareil
Recense un jour de plus compte et récapitule
un an passé suffit, mêmes conciliabules
même cours mêmes voix dans le même appareil
Même horaire établi d' un semblable exercice
Même illusion gagnée signifiante d' avoir
vocation de transmettre un futile savoir
d' accomplir de sa voix de savantes délices
ah recommencement ! mais pourtant non pareil
car je ne suis plus moi changé combien de fois
changé combien de fois dans cette brève éclipse

Et pourtant non pareil quand tremblante, indécise
apparaît imprévue
dans le cours répété cette troublante incise.

Si pur est le sanglot, impure est la douleur
et la flamme qui lèche est pire que l'enfer
conscience qui subsiste accroissant le délire
de n'être pas perdue se sachant défaillir

Retrouver sur ces bords cette laisse de mer
que l'on reconnaîtrait entre mille écheveaux
pour cette résonnance unique de ma vie
au silence éclatant de la mer que j'envie

Image de l'instant d'une vague formée
plus jamais ne sera cette forme absolue
qui se formule et clôt en elle le destin
et ne peut échapper à la force qui l'arme
lorsque l'irrésistible a conquis sa pression
les eaux murent l'essor qui devient l'implacable
et lèvent leur lenteur sans promouvoir le chant

Quand le destin ne peut avoir que cette issue
et conduit plus fatal à cette liberté
qu'est l'éparpillement de la forme absolue
pour s'achever en rien
qu'en ourlet d'écume sur le sable
qu'une frange de coquilles roulées

Qui marque jusqu'où seulement
l'unique, nouvelle et irremplaçable
qui avait inventé sa forme et sa puissance
a pu mener l'effort de cette liberté –

Reîtres désarçonnés par le plus simple coeur

Distances, gardez-les

Réserves envers soi d' où surgissent nos chants
maîtrises d' un malheur trop commun par surcroît
qui ne devient ferveur et puissance parfaite
qu' en cette grâce acquise et reçue et voulue
qu' en ce moment fragile où je prends ma douleur
et la plaçant hors moi me réfléchis en elle
la brise
                en ce jet d' eau
                qui retombe et s' irrise

poussière où se connaît
mon cour plus réservé
de s' être en cet instant
permis cet abandon

Je combattrai, je combattrai je tracerai ces lignes
et d' un discontinu je me rétablirai
Je ferai cet instant pour cet instant insigne
et contre ma vacance en moi je construirai
Je comblerai le chant usé par l' habitude
et du fruste cent fois poli par tanr de mains
l' acide exaltera l' image que n' élude
aucun jeu de parole en qui je sois certain
J' emplirai cet insatant d' une autre plénitude
Mais chaque accent me fait toujours plus désarmé
Plérome qui me fuit dans ma vicissitude
et dont l' humble savoir me découvre alarmé

Sur le fil du rasoir sur la pointe acérée
Je saurai me tenir ligne de ma conscience
et je refuserai de plaider ma défense
pour chaque jour vaincu pour chaque instant tombé
qui le recueillera ? encor le fera vivre ?
J' assume pour moi seul l' heure de chaque nuit
pour moi seul ? Mais en moi s' ancre ce qui me fuit
oh silex éclaté ! Charme poussière et cuivre
Ce nuage étendu sur cette large plaine
a pris son sens un jour où je me défaisait
mais ce sens n' a laissé qu' une ombre souveraine
et calme j' ai reçu cet impérieux baiser
Ma nuit – je la connais – il n' en est de plus dense
où mon cher menuet son pas clair n' a glissé
Mais j' ai su mesurer cette infinie distance
et je renoue sans fin ce fil jamais tissé.

Dans ce juillet pourri
moins pourri que mon coeur
Les oiseaux font semblant
de croire à leurs amours
et mon coeur fait semblant
de croire à sa jeunesse
Je parle et fais semblant
d'atteindre ce semblable
Mais l'écho seul fait choeur
Dans ce juillet pourri

Regarde-moi petit enfant
De ton regard tendre et sérieux
de ton enquête sur mon être
de toi plus rien ne me défend
Dans la lumière de tes yeux
glisse l'armure et gît le sceptre
Regarde-moi petit enfant
qui m'interroge et me déclôt
Je te réponds je suis sincère
et dans mes yeux pour cet instant
ton calme gagne, rien de trop—
et tu vois poindre le mystère.

Un petit vent de fer jouait furieusement
Sans voix chassait néant don' t les goélands profitent
et pointait sa rigueur d' une incessante source
on attendait
                    Les pins figés trop bas pliés
Durait la vie dans l' attente du feu
Il fallait s' occuper hots de ce qui venait
L' oiseau rayait d' un trait l' intervalle du temps
La cigale hésitait récusant ses registres
et brusque un grand cirrhus se défaisait au vent
Le loir s' était mussé soucieux de ses décombres
Mercure de la mer irréductible attente
Le rythme des travaux se poursuivait en vain
plus abstrait d' être mû par un grignotement
sans observer ce temps pesant quelques secondes
inattentifs au fer qui se forgeait sans bruit
Nous allions dépasser l' excessive harmonie
au point où s' introduit le désordre du monde
déjà rien ne restait de nous
                Et l' éclair vint

Qu' atteindre qui ne sois déjà frappé de mort
Aveugle irradié d' implacable lumière
Que tu ne verras point qui se situe derrière
et tout autour de toi sans jamais prendre corps
Tes doigts ne saisiront que vides et silences
et tu te crois perdu lorsque tu n' es qu' aveugle
écoutant sans répit ton désespoir qui meugle
en ton affolement d' atteindre enfin ta chance
Et que ferais–tu donc si tu gardais l' instant
si le flux s' arrêtait – tu cessais de te fuir
si la présence aimée n' était plus que présence
si rien ne menaçait ta précaire décence
et si rien ne manquait à ta quête du temps
ne sais–tu que valeur n' est rien que par sa mort
et que cette menace au coeur de ton aimée
te la rend plus farouche et plus désespérée
labile certitude imparable descort

Louange Harmageddon Pierre Cyprès Mensonge
Immobile flambeau que nous nous transmettons
Symboles décimés de connaître nos songes
Dalles ciments scellés sur nos dérélictions
Si partir de l' erreur finale me permet
en remontant de signe en signe attribué
par quelque main constante au cours de mon histoire
de ressaisir un jour la croix de l' horizon
Mais au travers du jugement – de la bataille
du feu – n' importe quel – amour révolte enfer
Vallé des grands combats sans profils de médaille
Qu' il nous faut affronter après nos grands déserts
Pour au-delà trouver la louange enchantée
où le chant se suffit en cette ultime escale
ô regard toujours proche
                        ô main toujours donnée

Qui remonte le cours joint la fin initiale

Louange, Harmageddom, Pierre Cyrès Méprise
Ce que me dit l'enfante en sa pavane triste
est objet de mon couer, fait de mon couer objet
cet arbre m'appréhende et m'enclôt dans ses signes
si je chante en ce jour ce n'est qu'un faux semblant
que j'ai percé moi-même et par là méconnu
Quand la démarche inverse a seule vraisemblance
Et de cette méprise accédant à l'objet
se savoir projeté dans l'ultime conflit
dont le vainqueur entier ne sera point toi-même
dont le vainqueur altier n'attend aucune gloire
Tant gloire existant pour lui déjà vécue
Victoire qui pour toi fut chèrement acquise
et n'attend plus de toi que louange requise
parole trop légère à tes orgueils déçus

Tanaquil, que ferai-je en cet amer festin
Je n'ai plus d'ambition que germe d'avenir
Nul sceptre ne peut plus contenter mon désir
Et je ne ressens plus des habiles maintiens
Qu' amertume appréciée du haut des souvenirs

Dépouillé d'oripeaux que je n'ai jamais dus
mais pour mieux me saisir derrière les images
d'une action délaissée, comme traîne au visage –
et cet inappréciable enfin d'un millième perdu
pouvoir le ressaisir…
       adoration des Mages.

Qu'aurai-je à faire encor de vos pierres délites
O rochers que j'aimais où la mer se perdait
Qu'aurai-je à faire encor de vos âmes d'élites
compagnons que j'aimais où je me reflétais
Les ors de feuille morte étincellement sans but
et les cieux trop connus déroulent leur grand calme
en cette aube d'hiver
                               et les joies de l'amour
Et je me sens très loin de la grandeur des choses
un réveil sans émoi du soleil reparu
une armada céleste a largué ses amarres
J'entends au loin Rachel et ses enfants perdus

Au loin – très loin – Je n'ai plus de mesure
commune – Je n'ai plus de réponse

Je vais désabusé du cristal qui me cerne
et m'enclôt sur moi-même et nul ne l'a brisé.

Charmes des mers passez à nos vendages
(Pensez au feu dont rien ne sortira !)
Lovez, lovez vos jeux, vos fragrances d'archanges
et de nul n'attendez le sens qui nous liera

Charmes des mers ! pour qui donc ?
                              Si je meurs…
qui sentira l'unique et sa lumière
lorsque mes yeux seront remplis de terre
et que par mon défaut s'exaltera la peur

L'odeur mince de l'eau
au vol du train qui hurle
m'accorde ce répit
de houle et de pardon
qui rien en moi ne livre
au gigantesque arroi
du monde calculé
dont je me sais ilote.

Dans les champs bleus d'avoine et les champs roux de blé
Je n'ai rien pu trouver que des promesses mortes
Reproduction d'un rien qui se prétend vivant
d'un cycle inaltéré que maintenant j'altère

à quoi je donne un sens j'enlève sa raison.

Un thème

Toulouse

Rue déserte du temps, le cri du ferrailleur
harmonise mon coeur d' obéissance serve
la fraîcheur du printemps délite mes réserves
et la main trop fermée n' ose avouer sa peur

Paris

Occurence inutile où se perd ma raison
d' un délai de la plaine étale de mon coeur
et fièvre qui se trouve arbitraire et choisie
reprise d' un tragique à soi–même étranger
reprise d' un amour que rien ne peut changer
(qu'une ironie m'accorde en douce fantaisie !)
quand se sait achevée la cause de ma peur
et n' est plus que d' un jour la fin de ma saison.

Rien ni personne
Perles de fer
d' un beau désert
reprends et donne

Nulle Madone
Pour ta maldonne
Dans cette chair
viendra l' éclair.

Autre si je ne suis qu' avec ma force vive
et pour si peu de temps que cet éclair à lui
suffisant cependant pour échapper dérive
à l' implacable armée des lances qui te suit
affronte ô mon courage un si parfait dédain
sur le flot de l' amer l' acier dédaigneux trace
un sillage en volute où l' appel d' une main
s' efface en geste vain sous la vague vorace
Et pourtant cette main maîtresse de l' acier
cette main l' a forgé – Voici conscience enfuie
ce qui vient et l' écrase est moins encor que toi
quand l' ombre m' abolit je vois venir la nuit
qu' importe le visage et qu' importent les armes
l' instant bientôt fini de ce cri sur la mer
vaut mieux que la puissance où le délire s' arme,
et saisit ton triomphe au moment de sombrer.

Adolescence

Avez-vous oublié ces jours de solitude
où rien ne nous pouvait sortir de nos ennuis
quand l'implacable avait organisé nos fugues
et ramenait sans fin l'absurdité des nuits
Toutes les Nuits – et nous allions de l'une à l'autre
les fléaux s'abattaient sur des blés de misère
et nous quêtions les grains jaillis des yeux d'un autre
Lueur seule accordée dans désert de pierre

Oh tragique innocent des amours enfantines

Chair flasque du matin quand l' âme est détendue
que le hasard des nuits roule au creux des paupières
que la victoire encor est à gagner ce jour
qu' une molle énergie guette un signe néfaste
Ah si nous pouvait être épargnée la journée
où se récapitule en cendres exhumées
l' ardeur de vanités rappelées indiscrètes
et si je la pouvais gaspiller en des fêtes
où ne serait à craindre

                    nul réveil

Barka – le temps est court – cesse ta mélodie
La noria te reprend au point même du songe
et les devoirs – et la révolte – ô pieux mensonge
redressent fièrement ta chair vide et vieillie.

Ombre de la vertu qui m' épuise et me tente
et me fourvoie sans fin en des chants aigres–doux
ombre qui me déçoit pour m' avoir trop promis
et cette douceur ne produit qu' amertume
du juste n' apparaît vers autrui qu' un visage
quand nul réel ne vient de plus profond que soi

       Profond
              ah si profond
                      tremblant troublant message

qui passera peut–être confond
dans un même charroi guidé de main certaine
une altière grandeur de vertus satisfaites
avec cette ductile et plaignante reqête
où l' homme se connaît enfin dans la lumière
effacement du nombre en amour partagé

Histoire

Contrepoints – Toujours en suspens
si je savais le fil des peines
je les prendrais à contresens
contre-courant des aventures
Menue monnaie des quotidiennes
sinistre espace

                                    devantures

monde glaciaire en forme d'auges
Blondeur suspecte au néon vert
Dans cette nuit naît ma souffrance
et j'ai fermé les grilles d'or
je le sais trop qui gagne perd
que donnerai-je pour mon corps ?

Mer tranquille et repue – Oh calmes Dolomites
chatoiements plus déserts que nos pires excès
Je saisis profondeur d'apparence indiscrète
et rien ne me conclut dans mon ardeur blessé
J'échappe vainement à ce que je crois être
et suis toujours repris aux futiles regrets

J'arpente ce domaine et pose des balises
éteintes chaque jour et toujours échouées.

Tristan d'Iseut perdue souverainement triste
accède en ce royaume où tu règnes seul roi
et comme ce guerrier déplace en ce déroit
la totale grandeur d'un nouveau trismégiste

Plus fier d'éteindre enfin ce qui n'est plus qu'à toi
nul partage – oh rivaux ! concurrents infidèles !
vous ne la voulez plus ? cette grandeur mortelle
qui se paie d'un sang sans orgue et sans haubois

Et maître en ta douleur, et maître en ton remords
de toi seul maintenant dompteur le plus avide
redresse la hauteur de tes amours turpides
redresse, oh cavalier qui n'ose encor le mors !

Mais qu'as-tu fait Tristan où donc es-tu parti ?
dérivant sur le flot de tes passions mortes
délire, délire, délire, où sont tes portes
royales – Mensonge d'un tel coeur desserti

De la passion plus vaine en toi où tu t'engages
accepte donc le fruit médiocre souverain
plus d'autre voie Tristan mensonger baladin
qui cherche en la folie l'alibi du mirage.

Au bazar que prendrai-je
L'étoile et son festin
Le myrte et son cortège
OEdipe et son destin

Mise en scène virtuelle
Habilleuse, habille donc
et la chance rituelle
Tourne-t-elle – Tourne donc.

Le bouton d' or vit à foison
vit à foison la chanterelle
Mince carence des airelles
Lourdeur du gui en pâmoison

Saveur inquiète aux jeux de soie
Vanité tendre en ce muguet
Muguet de mai, passé le guet
reste la mort après la joie.

Ne renonce qu' à l' heure et jamais à ce grain
où te sont retenus
                       où te sont contenus
ces échanges vivants qui transforment ta faim
N' arrête d' éhanger l' heure vaine et défaite
contre ce plus nouveau possible dans ta main
Tiens ferme ce qui n' est qu' un instant de patience
                       d' une autre que la tienne
                       d' une autre qui te tienne
                       et retient et contient
                       ton futur dépassé.

Corbières

Velours de terre aux fleurs d' acier
douceur de mains qui nous supportent
éclatement de vieilles portes
vignes de feu – royaux cimiers

Pays d' une âme dvsolée
et brusquement plus consolée
de chutes d' or si fugitives

un rire affreux qui nous contente
sécurité d' une détente
illusion d' une autre rive

Quels chèvre feuilles orangés
Quel chèvre–pied ensommeillé
nous désabusent

La pierre affleure et nos refus
sont le seul sage et le seul dû
des cyprès noirs de l' exigence

La gloire a fait cette hyperbole
Le chant a fait la parabole
Mais la balance si frivole
a saisi clair nos démissions

Une Vie

I

Jeunesse où chaque fruit gardait son épaisseur
Le temps portait en lui l'éternité promise
Chaque parfum nouveau de trop riche saveur
exaltait notre haine ou fardait nos tendresses
chaque regard sommait une vaste promesse
Et le monde accueilli sans souci du décor
portait de sa richesse en un projet acquise
une exigence entière à la vie à la mort

Pesanteur qui me gagne et me transforme en pierre
Chaque phrase n'éveille en moi qu'un air connu
Je sais les Mots, Je sais les Temps, fixé les Serres
Je connais les raisons, j'ai vécu les absences
La fraîcheur de la vie se brise à l'expérience
Le vaisseau déventé ne courra que je décrus
Je n'ai plus le pouvoir de me faire et défaire.

II

Adieu visage anxieux qui me quitte et s'efface
et ne me reste plus qu'un grand signe de bras
lors je porte sur moi le masque et le dégât
de mon incertitude à joindre cet espace

de mon incertitude et de mon navrement
plus jamais ne serai sur ces rives d'absence

où tout encor ouvert m' offrait autant de chances
et chaque instant perdu n' était que chatoiement

Quand de naître à la mort j' ai cueilli la superbe
Je suis et ne peux plus me faire autre que moi
Chaque jour me contraint aux prestances du Roi
en royale entropie tout assuré de perdre.

III

Chaque vague me porte un peu plus haut des laisses
plus forte me faut la suivante à m' émouvoir
et plus haut m' abandonne à d' autant moins de chance
qu' une autre me reprenne et me donne pouvoir

Et chaque fois plus loin du remous qui me plaît
Jusqu' à ce jour bien proche où la dernière vague
exhaussera ma mort en ce dernier relais
d' un effort souverain qui s' éuise et m' accable

La plus haute expérience. Il n' est plus de nouvelle.
Et le flot pour toujours s' écartera de moi
me laissant pour témoin à jamais immobile
aux yeux inattentifs d' un été sans émoi.

IV

Jusqu' au jour, jusqu' au jour où le raz de marée
dépassant toute borne et rachetant les Temps
saura me prendre là dans ma passivité

me donnera d' un coup la plus folle des fêtes
m' emportera dedans sa vague la plus pure
au–delà du destin

                    Fruit de Sa liberté.

Servage

Nul ne chantait la liberté
dans nos sévères quotidiennes
Nul ne clamait en nos géhennes
car liberté – on la savait –

Quand malheureux de toute chaîne
Promis aux harts de Montfaucon
La liberté sans pâmoison
coûtait le prix de chaque haine

Quand on allait chercher le lait
Dans les taudis de Chantereine
Quand onallait chercher nos peines
dans les jachères des Bien Nés

Quand liberté se prenait dure
à chaque instant nous regagnait
simplement vivre à son bon gré
tenant au fer prise plus sûre

Quand serf de droit, libre de fait
la faux était raison dernière
raison de paix, raison de guerre
au doigt de Dieu s'en remettait

Et Son appui nous faisait vivre

Par Son bon gré nous acquittait
En toute grâce nous servait
Lui seul que nous avions à suivre

Quand liberté n'était discours
Rien ne valait ces courses vaines
Prêts aux Ormées, Prêts aux Rebeines
de liberté jamais à court

Libre au-dedans de nos misères
Perdu pour soi, sauvé pour Dieu
L'éclair du fer au creux des yeux
dans le grand vent de nos colères

Porteurs d'offrande au Premier Né
Quand nous allions au choeur des ahges
Sans douter que cette louange
Soit adressée où il fallait.

Pourquoi porter tout ce malheur du monde
Pourquoi fêler le cristal du printemps
Pourquoi fermer les amitiés ouvertes
Pourquoi brûler les dieux des lendemains

Pourquoi mon coeur "cette peine si vaine"
et la cacher sous la rigueur du verbe
pourquoi mes yeux ce regard qui dépouille
sans laisser voir ses larmes à foison

pourquoi ce nom qu' à nul je ne puis taire
le seul en qui je sais mon amour achevé
quand je ne suis qu' infidèle mystère
par moi de moi toujours plus éloigné

Les plus banales, les plus vaines
comme un chacun percé à mort
Mêmes chansons et mêmes peines
pourquoi chercher secrets d'Ensor

pourquoi chercher la différence
le singulier, l'extravagant
de tes péchés une défense
de nos chemins le duvagant

L'amour, la mort, toujours les mêmes
le temps qui coule – et le désir
d'éternité pour chaque rose
la main qui cherche dans la nuit

chacun semblable à tous les autres
et pourquoi non, et pourquoi non ?
Marche, troupeau – De quels apôtres
recevais–tu un autre nom ?

serais–je un Dieu pour m'en défaire
pour me nommer de mon vrai Nom
pour me répondre…ah ma misère
d'être semblable – et pourtant Non

"Exil de qui je suis"
                              Sompteux théorème !
Mais quand cesse le jeu, solitaire glacier
où seule mon angoisse habite, ô disgracié
En étrange pays plus chez moi qu' en moi-même

Et rien ne me dêplaît – et rien tant ne m' attache
Impossible travail qui de moi ne m' arrache
quand je cherche à me joindre en image de Dieu.

Que sans cesse me fuit le prisme inestimable
où je serai moi-même enfin tout rassemblé
reçu d' une autre main que d' un orgueil comblé
relevé de désirs où mon regard m' accable.

Dans un instant sera passée la gloire
et le reflet – et l'ombre de mémoire
où je pourrais encor me retrouver
Dans un instant

      Nul regard de jeunesse
ne tournera vers moi cette détresse
de qui va vers la mort – et qui le sait
Dans un instant j'aurai clos la pénombre
de qui je fus alors que je me fuis

Nul ne prendra plus garde à ma misère
voué serai aux oeuvres de prière
dans le secret mortel de qui je suis.

Secrète, repliées, lampes, incognitos
clairs yeux de ces cités qui nous révèlent l'ombre
où je suis étranger par vos feux repoussés
Mais vous avez raison de me vouloir sinistre
de ne point m'accueillir dans votre intimité
de garder vos secrets de haute dignité
Quand je fuis sur ce temps où vous vous effacez
Quand j'accède à l'opprobre et pourtant me survis
Cependant que le calme entoure vos paupières
      (Oh serre l'illusion dans ton poing bien fermé)
Que l'objectivité glaciaire vous enclôt
Lumières où s'est pris tout le sérieux du monde
pendant que se discourt le secret de ma vie

Que puis-je dire encor qui ne soit étranger
où je ne laisse fuir que l'absence de moi
et vaine sur ces bords erre l'ombre qui parle
quand le son ne franchit que l'espace plus vide
et ne rencontre rien qui se puisse émouvoir

Pourquoi recommencer – redire ces paroles
qui ne sont plus de moi quand je les ai jetées
que nul m'accueillera pour en saisir l'obole
qui ne seront jamais ma plus profonde plainte
adressée à moi-même et en moi-même enclose

Et je ne puis taire – et je ne puis changer
que suis-je si je tais le plus vrai de moi-même
plus vrai que mon malheur et ma désespérance
qu'importe l'auditeur oublieux de l'absence
et ne saisit grossier que des signes sensibles
au-delà je m'avance et déjà je m'estompe
et ne suis plus moi-même …
Tremblante identité don't je n'ai l'assurance
que d'une voix passée que l'Autre me renvoie

Toi que sais-tu ?
>   Les dures découvertes
>   m' ont trop blessé
>   J' ai trop crié en pure perte
>   Je me suis tu.
>   Quand tous les mots m' ont échappé
>   sitôt perdus
>   qui n' avaient plus
>   que lustre et flûte
>   et rien jamais de reconnu

Toi que sais-tu ?
>   Je ne puis dire
>   puisque l'ellipse d'un sourire
>   a plus de sens
>   que ma raison.

Le Roi n' a plus aucun plaisir –
Morte l' envie – Taries les larmes
Il a fallu rendre les armes
Brisée la lance – et vains les charmes
Le roi puissant s' en va gésir

La ville a pris son sens suprême
Et l' Univers en Majesté
prépare un deuil de vérité
dans ses silences affectés
l 'Eglise apprête le Saint Chrême

Mais le roi seul ne s' en sourcie
N' a plus de Nuit bien recelante
le secret d' ombre bienfaisante
dans des Lumières aveuglantes
Le roi n' attend plus de Merci .

Chacun s'en va son grand chemin
Le grand chemin de l'Hôpital
Le grand chemin de la détresse –
Simple et correct.

                    Serve et maî tresse
Ma vie le suit – clair et banal –
Qui par delà tndrait sa main ?

Et les eaux vertes de Chaumont
Sables secrets, futaies et sentes
pays de perfection blessé
où jamais rien ne s'est passé
puisque ma vie n'y fut présente

Mon grand chemin au gré des ponts.

Nuit – Chagall – abscisse
oeil vert qui se déplisse
Topaze d'horizon
Menteuse ma vision
Cadences où se glisse
un rêve de Clarisse
alors que tout me fuit
Chagall – abscisse et nuit.

Clefs de cendre
crypte tendre
jeux d'enfants
claires syrtes
sens des myrtes
vents d'autan*
science – lèvre –
amour – fièvre –
clés de sang

Pétrel silencieux des côtes de Zélande
où l' ardeur extén d' un peuple industrieux
Présence évacuée de nos orgueils amers
en qui s' est reflétée cette ultime sagesse
lourdeur évocatrice aux faux fuyants du coeur

Il nous faut revenir –

                    Illustre au fond des yeux
dans sa méditation solitaire la lande

Lever de soleil

Dans l' épaisseur mortelle a crié le rasoir
ouvrant la plage ardente au flamboiement furtif
et s' affirme vainqueur en nos incertitudes
le ruissellement d' or de nuage appauvri.

Conquêtes

        J' ai cru jongler, le balles volent
        et ne reviennent dans ma main
        J' ai cru parler – paroles folles
        pourvues de esns par leur déclin
        J' ai cru donner – de fièvre quarte
            s' est résolu
        qui le saura – tout est perdue –
        Tout est gagné – qui le voudra

Dans l' instant qui me fuit j' ai gagné ma plaisance
dans l' instant où j' acquiers j' ai perd ma fiance
et l' image du coeur se fit plus éperdue

Conquête qui s' achève en d' anonymes cendres
où j' avais cru marquer des jalons sans retour
où j' avais cru fournir forces irrécusables
quand s' atténue l' ardeur des claires catéchèses

J' erre dans le mépris où je cherche l' ssue
Je frappe à chaque porte et j' ouvre sur le vide
Et de l' activité fébrile où je réside
l' haleine de la mort m' apprend le sens inclus

Après tant de victoires, un fleuve solennel..
où régner qu' en moi–même enfin je ne retrouve
cette dernière loi, cette suprême louve ?

Alexndre cherchant un sommeil moins mortel

Je suis – et de l' instant je ne saisis qu' un leurre –
Où conserver serrée l' inconstance des flammes ?
Comédiens attendris je sais trop qui je pleure
Et ne puis m' éjouir d' indifférence au drame

Tant fut dès le départ ce parfum répandu
Quand de ma liberté je fermai le calice
otage déchaîné pour d' autres sacrifices
Je n' ai subi l' affront que par malentendu.

Je fuis – et de ma vie ne connais qu' une fuite
Quand le part de la mort me fera reconnaître
à moi–même – enfin recru – seul et sans suite
Qi serai–je pour moi cessant d' être mon maître ?

Où poser ce regard qui dépouille les corps
L' âme ne vaut pas cher que je glace ettranspose
Pour nourrire le funèbre et fragile décor
Spectacle où je me hais de n' être qu' une glose

Sombre dégoût de moi – mépris que je m' oppose
Quand de ce regard froid je me prends pour objet
où je ne suisplus rien pour m' être refait chose
Rien de ce que je suis n' échappe à ce forfait

Simple fait hors de moi – for en signe glaciaire

La seule trahison qui ne me soit comptée –
Vaine convocation pour le festin de pierre
En une se résoud cette horreur répétée –

Je sais fort bien ainsi qu'un semblable anathème
a retenti cent fois – mais jamais entendu
d'avoir cent fois trahi ce plus moi que moi-même
et de changer ce cours nul ange n'a voulu

Elanthe du plus pur du plus secret mensonge
où se complaît le seul qui se connaît fardé
jusqu'où peut se mener ce double jeu d'oronge
jusqu'où s'étend ton ciste aux feuilles ladanées

Je viens – Mais nulle main n'ose après ce regard
prendre vraiment ma main qui se veut fraternelle
visage détourné – glacé soudain – trop tard –
Et qui donc condamner de cette villanelle ?

Croire choisir l'amour – ses orgues et ses fêtes
Puis découvrir l'éclair que l'on est étranger
Que l'on suivait en vain cette ligne de crête
et que notre avenir a des mains de boucher

Et maintenant pour moi seul parlera le fer
Me dira le récit que nul homme n'ignore
et cette simple mort en qui la mandragore
n'a poussé de racine – enchanté le désert –

Cerné – déjà cerné – Quand tu te veux lumière
futile en un instant le marbre exteavasé
l'orgueil de ce fruit pur que tu sus inverser
cerné – déjà cerné – Que tes doigts se desserrent !

Le sang n'a pas fleuri dans le silence épais
où l'artère se vide en dérisoire feinte
et cependant plus sûr se muremure il était
du silence qui fuit de la conscience éteinte.

Je n'ai su remonter la cloche des grands jours
Et le temps qui me fuit me découvre un langage
Toujours recommencé pour quel don, quel naufrage…
sans cesse dissipé – vers qui porter recours ?

Dans le béryl des jeux, dans le péril des soies
Qui m'eût fait balbutier un langage oublié ?
Tout est fini – Tout est conclu – Tout est plié –
Hors de toi gratuité qu'il faudrait que tu croies.

Qu' est-ce qui viendra ce portail ?
de cette inverse croix qui dépare l' opale
et de l' inverse espoir qui dépare l' amour
Quel ange combattant masqué de quel camail ?

Nous allons maintenant chasser les épgraphes
et dénoncer l' obscur, et dénouer le sens
récuser l' innomable au prétexte du vrai
l' imposture vécue ne vaut pas l' étincelle

absence, absence, absinthes, ô mensonge
discours circonstancié pour le vide de l' Etre
et vide l' Etre même en son obscurité
discours sans répondant d' extrême ipséité

qui se transcende hélas sans se savoir vaincu
et qui prend le discours sur son discours greffé
pour dialogues et sens et vétités vécues.

Chantez le thrène des horizons
des pavillons, des Seigneuries –
Portez la berne des floraisons,
des échansons, des plaidoiries

Les mots sont morts – tout est réduit –
Tout est déduit en assemblage –
Les signes vains – rien n'est fortuit
rien n'est gratuit dans nos lignages

Chantez le thrène – allez vous en
ombres de vent que nous aimâmes
le pain le vin – ô gémissant
n'a plus de sang – n'est plus que charme.

Lente raison des choses trop connues
L'imperceptible accroît sa pesanteur
Nulle surprise à tes yeux survenue
ne te permet de farder ton malheur

Tu te débats dans ces splendeurs visibles
ne refuses que des mots oppressants
tu as saisi ce qui te prend pour cible
et te crois libre en cessant d'être enfant

Tu as choisi l'ambre similitude
et tiens inclus qui jamais ne fut toi
lorsque pour toi tes parodies exsudent
la minutie d'une étrangère – loi.

Parenthèse du ciel
Je me berce aujourd' hui
d' échapper à ce jeu
de l' or qui se galvaude
Et ce vol de corbeau
pillard des voix du monde
m' enseigne ce chemin
qu' en rien je ne peux suivre
Et ce vol de démons
clôt l' appel de ce cuivre
J' attends tout de Ta main
Parenthèse du ciel

Et quand seule a tourné la blessure Amérique
Et le flanc haletant d' une impropre saveur
Et l' ombre pénétrant plus aiguë véronique
et dépouillé de tout s' incline notre peur

Et quand seule a guéri la blessure de chair
Et tout reste semblable au plus premier soupir
et quand rompue s' abat l' aile un instant glorieuse
et reste infime en nous cet amour Bételgeuse**

et brise et brise encor, et ce n' est pas assez
Tout n' est pas dépouillé, reste la farandole
Et la lumière creuse au grand jeu des symboles
Et si je n' ai plus rien ce symbole est assez.

O cher Avenir
O chère Merveille
O cher Avenir
surtout ne t' éveille
à aucun soleil

O cher Avenir
Garde tes prestiges
Et rien ne gaspille
En nos creux prodiges
de nos faux espoirs

O cher Avenir
Garde bien fermées
Tes mains de trésors
Cendres et fumées
O Possible – dors.

Vous m' avez appris haïr
Et je vous hais de cette haine
Je n' ai plus que des mains humaines
Toujours souillées de tant mourir
Et je m' en suis reparti seul
accablé du poids de mes armes
dans la lande aux mille et trois alarmes
Pour la grande rencontre où j' ai été vaincu
l' arbre était souverain – Le vent était mon lieu
Et séduisant l' oiseau, dans sa simplicité
Nous avions dépassé la voie des astronautes
où le jeu nous enchante aux clartés des oiseaux
lorsque tu as parlé, le plus fragile amour
si fragile qu' absent à nos rudes mesures
lorsque je t' ai saisi je ne possédais rien
 – ardente ! oh plus ardente est restée la brûlure
que cet amour a faite en son absence aiguë
Et je marche –

           à quoi bon les jeux et les lumières
Si je ne suis saisi d' amour qu' un jour je crus.

L'éclair blanc qui me prend aus gorges du savoir
Exigeant de l'offrande aventureuse et vaine
Et pourquoi ce suiaire et pourquoi la verveine
M'enfonce en plus de crainte où je suis seul à voir

Que saurai-je bientôt franchi ce col de fer
Que verrai-je en mes mains trembleuses incertaines
Et de quelque plongée, toujours plus noire ô Reine
L'inutile trésor d'impartageable amer

Absurde je ne puis en rester où je suis
Que sans cesse je quête et sans hâte j'exige
Pour cette chair qui nie et ce corps qui se fige
Toujours l'éclair me cherche et me prend où je fuis

Le soleil qui m' enfface a gagné la partie
Le masque se dénude au flamboyant excès
Cette vaine conscience à jouer sa personne
s' évanouit d' absence à l' absent partenaire
Que puis-je contre un tel irréductible objet
qu' il me faille être moi m' excède de mes ruses
à quoi bon les défis d' un vis-à-vis secret
qui fuit son existence en de pauvres excuses
Nombres plus chaleureux que mes froides ardeurs
en conscience toujours obsession d' un tout autre
l' orgueil qui se refuse aux brûlaures du don
Etranger au mystère et sans pleur pour qui meurt.

La montée des orages
La montée de la nuit
La montée des passages
où donc avais-tu fui ?

Les lumières trop proches
ont aveuli mes yeux
L'amour dans une poche
Et dans une autre Dieu.

Pour qui te crois-tu sourd
Quand trop certain tu vagues
Perpétue le discours
Plus de procès à Prague –
Plus de procès pour toi
La partie est finie

Il n'est plus de passage
où tu sais trop bien vivre
aventure éclusée –
Regarde encor les algues.

Hélas plus jamais nous ne paierons nos rentes
Plus jamais nous n' aurons d' espoirs pour nos vieux jours
Plus jamais remplissant le creux d' âmes vacantes
nous n' entendrons l' écho d' un éternel amour

regardez en passant rouler des paysages
Amertume principe encore ressasser
la vague se replie dédaigneuse des plages
où nos amours décrues n' ont pu que s' effacer.

Sombre plaisir des formes révolues
L'amour soupire et refuse ces fleurs
La haine exacte a changé ses silences
Et le temps suspendu nous découvre menteurs
Je n'ai de sens que dans le désaccord
où j'ai trouvé cette chanson rebelle
une e머 sinistre a fleuri d'immortelle
un chant désert abandonné des morts
Je n'ai de temps qu'une urgence discrète
Encor si peu me laisse découvrir
Ces temps vécus comme des catacombes
Ces temps perdus comme des fleurs de lys

pélerinage à la civilisation de la mort

Quelle ombre, messeigneurs, je n'eusse cru si dense
L'absence où je m'enfonce et m'ignore moi-même
Simple question de réflexe sans doute.

Mais nous sommes dépassés par ce jeu provisionnel
dont nous avons l'impression de faire les frais
sans en être encore certains.
        Quoi donc ? une étoile ?
        Le matin ?
        Quelqu'obscur souvenir, ou le choix d'un destin.
On ne nous la fait plus. Nous avons laissé tout cela à la dérive.

Et c'est très loin de nous – Introduction
au monde de la Terreur – Parade sur l'Echafaud.

Nous avons cet azur dans le ventre.
Mais oui – et pas ailleurs – pas même sur le drapeau
Rouge.

L'immense intestin prophylactique nous tympanise sans arrêt

Et nous nous retrouvons nez à nez
Sans aucune poésie

sans aucune réciprocité
sans aucune profondeur densité masse épaisseur

sans mythes ni auréoles
dans un état de digestion très avancée

Bol alimentaire d'une civilisation mondialisée omniprésente
                    omnicompétente omnispatialisée
Nous sommes ainsi assurés de nous y retrouver

Mais il fait noir et nos desserts se font attendre
Peut–être aurai–je l'honneur de me retrouver tout entier fécal
certainement très saur
Car tout l'utilisable est déjà utilisé et l'on cherche affolé
                    quelques briques à lui remettre
Enorme coquecigrue qui risque de s'arrêter
                  (chemise longue – boucle blonde – et les yeux
                  Rien n'espère que le bistre et que la nuit)

à part ça vos trompettes peuvent sonner

Pour le boulot, midi sonné – pour le evoir, sainte cohorte – et la
Patrie ou le Prolétariat
Plume la poule –

Evêques ou marles, Secrétaire du syndicat, chef de cellule du
Parti des Fusillés – Croix de Lorraine et croix fauciilée – dollar
et goupillon – sabre – étoile rouge et blanche –
                      Ambassadeur ET
Commissaire du peuple – Poète Surréalofficiel
du malheur des pauvres et du Maréchal quelqu'il soit

Les nouveaux aristos à la lanterne
>> Mais s'il y a des canons
>> il n'y a plus de son.

*
* *

Poli convexe et froid
et jaune
Pierre polie pour le premier meurtre
acier très pur indifférent
en plein milieu des déchaînements
et de la simulée jouissance d'un sexe décharné
en plein milieu du faux rut des colères
et du vrai de la peur
et jaune
un oeil
Centre du visage qui se tord, hurle, coule, s'étale
centre immobile du visage et du corps qui purule ses passions
convexe et froid
un oeil
au milieu de tout un monde qui tourne et se replie sur
soi-même dans l'impuissance du délire

Je sais bien ce qu'il y a derrière, et l'envie me hante de l'arracher –
Poli et froid
ni sentiment
ni expression
et jaune
>> centre fixe

							dans le tourbillon de la mort
					Pelure je sais bien cette dissociation, le divorce de l'oeil
												et de la Parole
					Et que tu caches

					Mais non –
												Rien – Tu ne caches Rien –
					C' est précisément là tout le drame.
					Le seul centre fixe de ce visage, et de ce corps, et de ce monde
					n' est fixe
					et stable
									poli convexe et froid
									et jaune
					que
					parce que
					il recouvre
					RIEN

											*
										 * *

Santiago, Santiago, Souvenirs et défaites

Et comme un pélerin qui prolonge sa quête
et ne trouve en dernier que des os innocents
après tant de périls, après tant de requêtes
Nous nous trouvons plus vains et plus vides nos têtes
Présents au monde dont nous sommes absents

Quelle agonie –

Quelle agonie futile et toujours renaissante
Qu' elle soit de ce jour ou des années quarante
nous avons bien compris mais n' en pouvons sortir
broyés sur le sentier comme feuille de menthe
mais l' odeur qui s' estompe est plutôt indécente
chair et coeur − quintessence − et nous...lointains martyrs

Orichalque

Sardoine et chrysolithe − onyx − splendeur − misère
Constellant tous os de parfaites lumières
Feux singuliers − Feux de l' acier − Atomes ivres
Cette beauté qui vient dans la mort plus entière
Et rien ne reste − un feu total − têtes si chères −
Prétextes périmés pour nous faire survivre.

Tigelle de la mort, éroitement repliée au coeur de notre
        action et qui n' attend
pour s' épanouir avec ses minces lèvres

        Feuilles livides tirées de notre substance altérée
        Imperturbablement hostiles à nos valeurs
        inaccessibles à nos espérances
        incorruptibles
        Promesses de corruption qui germent patiemment
        de notre coeur et de nos reins et de nos souffles

                (constante créatrice de l'illusion d'immortalité
                nourrissant de son lait notre tête de mort)
                et de nos germes même
                de notre sang
                transmis depuis le premier jour…
que la vivifiante armée des poisons de ce monde –
                        quels serviteurs zélés –
Merveilleuse éclosion du suicide en ces murs

Mortelle apparition

        Mortelle

                Jusqu'à la faux tranchante éternellement vraie
                    des moissonneurs entrant dans le champ de leur maître
L'Esprit –
        Seul saint Esprit qui nous traverse et gagne
Fauche un bourgeons final garant de toute mort.

       *
      **

Fantômes derrère une glace
déformés
Et qui se prennent au sérieux
visage
affairés déformé
chacun d'un pas

        descend avance

                    mais un seul but

                              (celui que tu atteins du premier coup
                              mon petit enfant qui n' avais rien
                              préparé et qui ne se prenait pas au sérieux)

Tous occupés préoccupés grandioses
qui font l' histoire et l' avenir du monde
pour des générations
qu' ils ne verront pas

et qui seront perdues
comme la nôtre – ni plus ni moins
car la bouche de la mort est insatiable
la place de la Mort n' est pas au cimetière –

un cimetière il faut le déplacer
Et l' agrandir

Il faut refaire ses murs et replanter ses tombes
Il faut lui faire des petits curetages
Et jeter au charnier les vieilles têtes
de mort

Mais la place de la mort suffit pour toutes les générations
que leur espace soit droit ou courbe

Fantômes déformés par la glace des trains

qui faites l'histoire
et qui vous consolez de la faire
sérieux, Sérieux
comme le nain –
Ombres d'une ombre
Regardez-vous en passant dans la glace
vos yeux dans vos yeux
....
Mais tu t'enfonces
Tu t'enfonces dans l'inconscient lentement derrière les eaux glauques
aux grands yeux effarés sombrer un instant
Jazz et fumées facilités qui viennent indifférence
un seul instant

Le tour est joué
Tu n'as plus rien à perdre
Les cartes sont données et les paons font la roue

Sombrer
Perdre pour cet instant ce poids
Et savoir que passée la porte
épongé le whisky
derrière la musique
l'éclair t'attend
Savoir que ce moment est memacé
une pointe de diament noir
flamboyante
se perdre

Mais rien n'est plus que ce son que je hais –

Hommes debout ! les fleurs de sang éclatent
Vos cervelles dehors blancheront les pavés

Alors vous aurez en toute vérité
Ce que vous avez cherché toute votre vie
Mais ce ne sera plus le Jeu.

*
**

Ah que n'ai–je
                      fumées Monolithes Potences
Une plus grande ardeur
                      Rectitude du temps
Et tout ce majoral toutes ces contredanses
Ne signifient plus rien – Ce n'est plus le printemps

Les petites maisons, les petites fumées
la petite lumière
            Et chaque adorable petite vie
Qui porte indéfiniment son consentement et son secret
                      Brouillard indéfini –
              Tâtonnantes aveugles
Ne me contentent plus

Paroles déchirées qui giclent tout leur pus
Oh monstres enfantés par le sommeil de l'homme
Et jusqu'à l'horizon les rails indifférents

Qu'as-tu donc toi qui pleures ?

Ton visage d'enfance au brouillard omnivore

Est-ce ta dignité

           Retraire dans la mort –

Je ne puis plus te suivre et j'ai bien tout perdu
Tu pleures et tu cries – et tu cries et tu pleures
Et le radar te suit avec le Belle 60
Et tu pleures toujours, toujours plus menacé
Lève-toi ! Toi tout seul – et non pas tes emblèmes
Et non pas tes outils – et non pas tes partis
viens sur tes faibles pieds
                    vers cela seul qui t'aime
Avance
      Et Je suis là
           …Mais tu n'es pas parti…

Les sorbes sont à point, il est temps de mourir
Et pour combien de temps s'enfoncer dans la nuit
Rythmes – Si nous savions où sont nos références…
Voici que les grands flots gonflent leurs gonfnons

Forêt tu nous offres tes signes
Et sur la terre mince étendue des insignes

semblables
Car ce n'est plus le ciel qu'il nous faut regarder
Regarde et ne frémis d'aucune vision
Compte lucidement les menaces de l'homme

    (Aucun, aucun, aucun ne vient, ne te menace !
    Personne !)

Nul d'entre eux ne viendra pour réclamer ton sang
Alors tu peux attendre entièrement un homme
Peut-être ton regard fait reculer les signes
Et dans ta main repose un feu de cette vigne
Que les morts déchaînés ne peuvent plus tarir –

Et nous n'aurons de cesse, et nous n'aurons d'amour
Que ce printemps manqué de nos vies plus secrètes
Fumée qui se défait voilant une seconde l'éclatante blancheur
    Objective et glacée
Et nous n'aurons d'amour et nous n'aurons de paix
Que ce repli secret battu des vents féroces – et voici
Que très loin dans l'espace immobile se décide en un dé le
    corbeau du malheur

Ils n'ont pas bien visé, ils n'ont pas bien cherché
et leurs coeurs mystérieux me restent insondables
Ma vie leur est livrée –sans lendemain – précaire

Ah pouvoir ignorer ! Je n'ai plus que cela
Cette unique conscience et refuse de perdre
serait-ce en cet éclair qui nous distend nous écartèle
Pour un instant le poids de l'unique richesse –
Et contre les remous, les bruits et la fureur

Lucidité, Lucidité, Lucidité
Je n'ai rien d'autre et je meurs de trop voir
Et je meurs d'être seul

Vin trop fort pour celui que j'aime et que je force
(ah contre mon vouloir !)
et pourtant le repos m'est donné quelquefois…

Reprenez donc les pleurs de vos inexpériences et vous avez
                                            joué le
meilleur des enjeux : dans tout ce contre-éclat se
                                            blanchissent
les arbres, mais vous vous enfoncez dans le gel de nos
                                            monstres

Mes amis inconnus que j'étreins dans la nuit ce silence
                                         peuplé
de hurlement technique nous isole acceptez cet illusoire

                                              échec
et votre chemin seul au délire des choses

Je n'aime pas le sang et suis sans cesse en guerre et vous pousse à frapper
– le crime inexpiable – pour sauver quoi ?
Qui donc pourrait le dire ? ce qui est déjà sauvé n'a pas besoin de nous

Ah soleil de Justice, où ta séparation ? L'évidence nous manque et le savoir nous trompe – attendre – et nous savons ce qu'il nous faut attendre

mais nous sentons couler la vie entre nos doigts.

Crâne

I

Objet si dur jeté sous nos pas synonyme
autrefois mû d'espoirs de conscience avoué
dénudé maintenant comme une austère cime
Mais tonnerres absents réduit au sol noué
Corps
pour jamais dépouillé – fragile impermanence
échappé sans savoir – malentendu de vivre
muré pour cette fois d'implacable silence
si clos loin de nos mains – vous ne pouvez me suivre –
Et maintenant ce temps – et pour combien de siècles
inerte – et pesanteur descend au plus profond
seul et pourtant myriade – unique et se confond
accomplit son destin de foule solitaire
Désormais sur ce champ je ne puis que me taire
Moins que marbre
                        – et bien plus
– M' exclut
        – l'impondérable absence.

II

Chef-d'oeuvre de la mort objet pur et absent
de ce qui fut vouloir, passives indécences
clavier désaccordé qui fut amour et sang
quel sculpteur amoureux d'abstraites élégances
sut mieux harmoniser le volume et le vent

Chef-d'oeuvre de la mort, dispersion des synthèses
détail irréfutable – et pour jamais détail
Fatale contexture, évidente hypothèse
d'un seuil trop bien connu – confusion du travail –
Mensonge de la mort qui se pare d'ascèse.

Le carnaval – Roi de Bohême
Jeux obstinés du tréponème
Armide obscure aux yeux baissés
Masque plus vrai qu' un faux visage
Mais rien ne passe en vos sillages
      Qu' un chien blessé

Flamme je vous connais toute tendre et brûlante
Exigence absolue qui va jusqu' à la cendre
et ne dispense rien des anciennes stupeurs
Exigence absolue de la plus souple, la plus incertaine
la plus fugace des créations – des créatures
destructrices – la plus fugace – la plus violente
Flamme sans pouvoir et détentrice du plus haut
parce que seul mouvement devenir qui s'absorbe
à l'instant en son éclat le plus haut
et ruine sa substance en la quête absolue

대화의 사상가, 자끄 엘륄

"
자끄 엘륄, 그의 삶과 지성의 높이와 깊이를 가늠하는데는
앞으로도 오랜 시간이 필요할 것 같다
"

옮긴이의 글

박용주

프랑스의 현대 지성 자끄 엘륄의 서사(敍事)『침묵 Silences』은 내게 선물이었다. 그것은 새로운 사유의 언덕이며 하나님께로 이끄는 신비였다. 시 번역은 힘들었지만 마음 들뜨는 일이었다. 고독한 번역자의 기막힌 의무! 고려대학교 명예교수 김화영 선생의 명언은 언제나 나의 뒷심이다.

모호와 역설 가득한『침묵』은 전도서(Ecclésiastes)에 대한 엘륄의 오랜 천착의 열매였다. 그는 말했다.

"나는 반세기 넘도록 전도서를 읽고 묵상하며 기도해왔다. 내가 그토록 깊이 파고들고, 또 그만큼 수확을 얻었던 유일한 성서 텍스트는 전도서이다. 그처럼 내게 가까이 다가와 말을 건넨 책은 없었다. 그것은 최고의 시편이었다. 모르긴 해도 이를 대체할 시집은 세상에 없으리라"

그의 다른 저서 『존재의 이유』를 톺아보며, 나는 『침묵』의 메시지를 이렇게 이해하였다. "하나님은 위로의 신(神)으로 쉽게 여기도록 우리를 합리의 길로 인도하지 않는다. 오히려 그분은 때로 우리를 헛됨의 심연으로 인도한다. 우리가 온전히 순종한다 해도 심연은 여전히 심연으로 남는다. 그것은 절대적 상황이다. 그분은 무조건적이다.… 그리고 그분은 인간의 마음에 영원을 향한 갈망을 심어놓았다. 갈망이야말로 그분의 최고의 선물이다."

그러니까 엘륄에게는 침묵, 언어의 부재야말로 그분에게로 이끄는 신비였다. 그것은 인간과 인간 사이, 인간과 그분 사이의 신비, 모든 인간을 그분에게로 되돌리는 자유의 신비였다. 또한 엘륄에게 침묵은 인간의 한계와 은총이 만나는 '변증법적 공간'이었다. 다시 말해, 그것은 상반된 개념들의 긴장과 통합, 그리고 그 사이에서 피어나는 소망(L'espérance)이었다. 소망은 그분의 침묵을 깨는, 그분의 존재를 요청하는 결단이었다.

"존재하는 것, 그것은 저항하는 것이다 Exister, c'est résister"

기독교 아나키스트 엘륄의 말이다. 그는 은밀히 현존하는 그분,

부(富)와 권력, 그리고 소음에 침묵하는 그분을 믿었다. 그는 일찍이 마르크스, 바르트, 칼뱅과 본훼퍼, 몰트만을 섭렵했다. 그리고 궁극의 실존적 신앙의 스승으로는 키에르케고르를 들었다. 엘륄을 깊은 영성과 존재론적 고뇌에 몰입한 기독교 실존주의로 볼 수 있는 이유이다.

엘륄의 어느 저서 중 행간에서도 『침묵』의 속살을 찾았다. "속이지 않는 것에 희망을 두기 위해서는 먼저 속이는 모든 것에 대한 소망을 버려야 한다. 그러므로 소망을 키우려면 인간적인 모든 것의 죽음을 긍정해야 한다. 죽음은 그분으로 가는 창(窓)이므로." 그러니까, 그의 시편들은 한 수 한 수가 창인 셈이다.

엘륄의 『침묵』은 "헛되고 헛되도다"를 넘어선다. 모름지기 '번영(繁榮)의 기독교, 그리고 절제를 잃은 문명의 폭력에 맞서는 서사이리라. '하나님은 하늘에, 너는 땅 위에 있다. 비록 비루한 삶일지라도 소망을 꺾을 자격은 누구에게도 주어지지 않았다.' 이리라. 눈앞의 원자폭탄을 보며 쓴 레지스탕스 작가 로맹가리의 시구(詩句)가 떠오른다. "그렇다고 꾀꼬리의 노랫가락을 막을 순 없지 않은가"

비평가 야닉 앵베르(Yannick Imbert)는 엘륄의 『침묵』을 단순한 문학을 넘는 사회학적, 신학적 사유의 열매로 보았다. 엘륄은 신화적 인물, 성서적 은유를 통해 인간 존재의 비극성과 신앙의 신비를 탐구했으며, '온전한 인간(un homme entier)으로서의 통합적 자아를 표현했다고도 했다. "엘륄의 시(詩)들은 눈부신 신비의 목소리(La voix de mystère éblouie)"라 극찬하기도 했다. 비평가 미셸 발레(Michel Vallée)는 "엘륄의 시들은 현대 세계에 대한 반음(反音)이다. 그는 진보의 환상을 거부하고, 하나님 안에서 뿌리내린 소망을 증언한다. 그의 시들은 기술 문명과 진보 이데올로기에 대한 저항이며 예언자적 목소리이다."라고 했다. 물론『침묵』은 화려한 수사보다는 직설적인 언어로 진솔함과 명료성을 담은 철학적 시풍이다 보니 "그의 시는 너무 비관적이며 교훈적이다."라는 비평들도 만만치는 않다. 그렇다 해도, 엘륄의 시는 단순한 종교적 명상이나 기독교적 담론의 되풀이와는 거리가 있다. 오히려 하나님의 침묵과 싸우는 영혼의 고뇌와 소망의 절규, 매우 인간적이고 실존적 고통을 표현한' 비관적 낙관'의 문학으로 보고 싶다.

시인으로서의 역자가 보기에,『침묵』은 리듬이나 운율보다 절제된 단어의 상상력에 몰입한다. 그리고 랭보(A. Rimbaud)가 말한 '시적 고리타분함으로부터의 자유' 혹은 아폴리네르(G. Apollinaire)가 말한 '영감의 절대적 자유'를 잃지 않는다. 난해하지만 '읽을수록 빠져드는' 로트레아몽(Lautréamont)의 시집 『말도르르의 노래 *Les Chants de Maldoror*』를 떠올리기도 한다.

엘륄의 시집 『침묵』에 대한 보다 깊은 성찰은 후일의 일로 미룬다. 번역을 하는 동안 내내 나의 신앙과 문학, 그리고 남은 삶을 생각했다. 사유의 기회를 준 고(故) 자끄 엘륄께 감사한다. 그리고 엘륄 총서 출간으로는 세계에서 으뜸이며, 보르도(Bordeaux)의 엘륄 생가를 찾아 그의 궤적을 탐미(耽味)할 정도로, 그의 삶과 지성을 사랑해온 출판사 대장간 배용하 대표께 깊은 우정을 드린다.

자끄 엘륄 Jacques Elllul

"존재하는 것, 그것은 저항하는 것이다."
시인으로서의 엘륄, 그의 사유(思惟)는 '당연한 것들'에 대한 저항이었다.

때로는 천천히, 때로는 황급히 써 내려간 시(詩)들,

1995년 장남 장 엘뤼엘과 디디에 쉴링거가 편집한 첫 번째 시집,

엘뤼엘은 『침묵』의 사후 출간을 원했다.

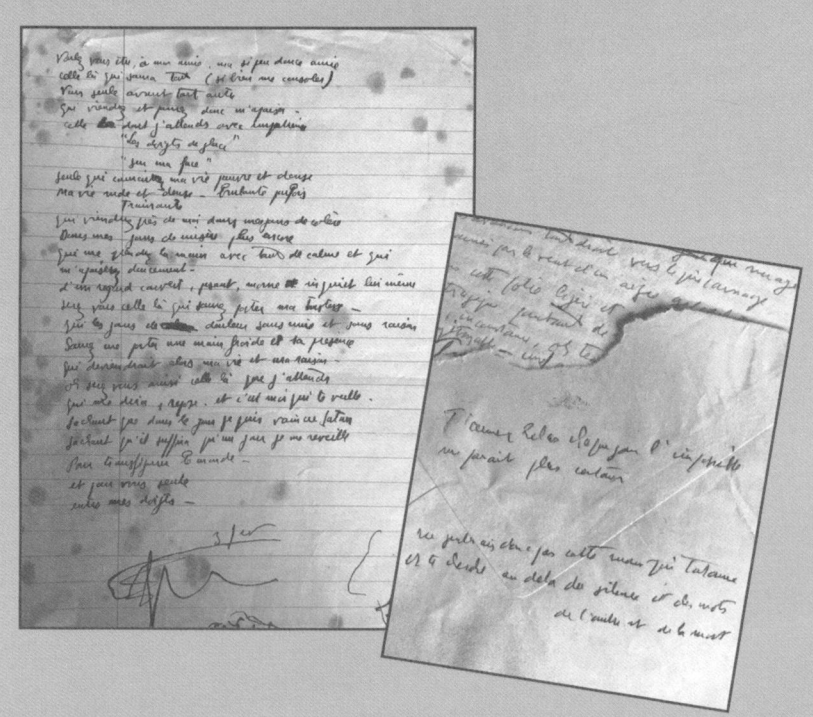

백여 권의 총서와 수백 편의 논문을 남긴 엘륄은

'번영(繁榮)의 기독교'를 거부한 신학자였다.

한때 레지스탕스 일원이기도 했던 엘륄은
당대에 마틴 루터 킹 목사나 네델란드 수상, 여왕과 특별한 사이였던 것 같다.

▼ 왼쪽 부터 에프레온 욘케르(E. Jonckheer) 네델란드 총리, 율이아나(Queen Juliana) 네델란드 여왕, 마틴 루터 킹(Dr. Martin Luther King), 베른하르트왕자(Prince Bernhard), 자끄 엘륄(Prof. Jacques Ellul)교수, 라인스도르프(C. Rijnsdorp) 작가. (1963. 11. 2 촬영)

▼ 아테나 헌법광장에서(왼쪽에서 두번 째가 엘륄)

▼ 암스테르담의 Vrije Universiteit의 명예 법학 박사 학위 수여.(1965년 10월 20일)

▲ 보르도에서 두시간 거리에 있는 자끄 엘륄의 장남 장이 사는 시골 집.

내부가 2층으로 된 이곳에는 엘륄의 유산인 수많은 저술 자료가 보관되어 있다. 엘륄 사후 장남 장이 아버지의 흔적들을 보관하고 있다. 여기에는 책은 물론 자끄 엘륄이 취미로 모았던 다양한 미니어처도 오래된 장식장에 진열되어 있다. 편지봉투에, 메모장에, 음식 봉투에, 이면지에 적은 엘륄의 수많은 친필 글이 여러 종이함에 보관되어 있다. 배용하 대표는 이 메모들을 촬영하느라 적잖은 시간을 보냈다. 이 시집은 그 모든 내밀한 메모들을 장남 장과 디디에 쉴링거가 편집한 결과물이다.

▲ 오른쪽부터 자끄 엘륄의 손자 제롬과 아버지 장. 이 사진이 장의 마지막 사진이 되었다.

▶ 왼쪽부터 자끄 엘륄의 장남 장(Jean)의 아내 세본(Sivorn Ellul), 손자 제롬(Jérôme), 장남 장, 배용하 대표.

▼ 엘륄은 보르도시에서 몽테스키에와 함께 그들이 기념하는 인물 중 하나이다. 프랑스에서는 현실 참여적인 학자를 존중하는 앙가주망(Engagement)의 문화가 있다. 엘륄이 30년 동안 강의했던 보르도대학에는 그의 이름을 딴 강의실이 있다.(아래 사진)

▼ 자끄 엘륄 거리를 걷다보면 잘 정리된 거리의 끝에 〈자끄 엘륄 미디어도서관(MÈDIATHÈQUE)〉이 현대적인 건물로 서있다. 그곳에는 엘륄과 관련한 기사와 논문과 서적들이 디지털화되어 있다. 지하 책보관실에는 엘륄의 자료가 방 하나 가득했고 친구 샤르보노의 책꽂이도 가득하다.

▼▼ 엘륄을 가장 많이 닮은 제롬은 세계에서 가장 많은 엘륄 번역서를 낸 대장간 배용하 대표와 심층 인터뷰를 녹화했다. 인터뷰를 통해서 프랑스에서는 사회학 관련 서적이, 한국에서는 신학 관련 서적이 관심사라는 것을 확인했다. 한국에서 자끄 엘륄이 갖는 의미 등에 대해서 대화했다. (통역: Kim Hyang-Ah)

▲ 보르도에 있는 엘륄의 생가 입구. 교수로 30년 근무하는 동안 규칙적으로 이곳에서 대학으로 출퇴근을 했으며 퇴근 후에는 환경운동과 청소년교육 활동을 했다. 엘륄 사후 주인이 바뀌어서 생가 내부를 확인할 수 없어서 안타까웠다. 엘륄은 평생 이곳에서 저술활동을 했다.

◀ 스트라스부르대학교 신학부의 프리데릭 호농(Frédéric Rognon)교수는 자끄 엘륄 연구 최고의 권위자로 한국자끄엘륄협회와 대장간이 초청하여 강연을 한 바 있다. 그는 자끄 엘륄 평전(*Jacques Ellul, une pensée en dialogue* 『자끄 엘륄, 대화의 사상』)과 전세계 자끄 엘륄 연구자들의 상황을 정리한 책(*Jacques Ellul aujourd'hui : Générations Ellul*)을 출판하였다. (사진은 연구실에서 호농 교수와 배용하 대표)

엘륄 연보

1912.   프랑스 보르도 근교 페삭(Pessac)에서 출생
1930.   기독교 신앙으로의 회심
1936.   법학박사 학위 취득
1937-1938.   몽펠리에 대학교 강사
1938-1940.   스트라스부르 대학교 강사
1940.   비시(Vichy:괴뢰) 정권에 대한 비판 연설로 강사직에서 면직
1943.   법학 교수 자격시험 합격
1940-1944.   레지스탕스 활동
1944-1945.   보르도 시 부시장(선출직)
1945-1980.   보르도 대학교 법학대학 교수
1947-1980.   보르도 정치대학(IEP) 교수
1956-1970.   프랑스 개혁교회 '전국위원회' 위원
1958-1977.   청소년 범죄 예방 활동
1973-1977.   아키텐(Aquitaine) 연안 개발 반대 환경보호 투쟁
1994.   페삭에서 82세의 나이로 별세

엘륄 저서

1936. *Étude sur l'évolution et la nature juridique du Mancipium* (thèse de doctorat); 만시피움의 변화와 사법적 성격에 대한 연구(박사학위 논문)

1946. *Le fondement théologique du droit*; 법의 신학적 기초(『자연법의 신학적 의미』, 대장간, 2013, 강만원 옮김)

1948. *Présence au monde moderne, Problèmes de la civilisation post-chrétienne*; 현대 세상에서 현존, 후기 기독교 문명의 문제(『세상 속의 그리스도인』, 대장간, 2010, 박동열 옮김)

1952. *Le livre de Jonas*; 요나서(『요나의 심판과 구원』, 대장간, 2010, 신기호 옮김)

1954. *L'homme et l'argent*; 인간과 돈(『하나님이냐 돈이냐』, 대장간, 2019, 양명수 옮김)

1954. *La Technique ou l'Enjeu du siècle*; 기술 혹은 시대의 쟁점(『기술의 역사』, 한울, 1996, 박광덕 옮김)

1955. *Histoire des institutions, t. 1 & 2, L'Antiquité*; 제도사 1-2권, 고대 그리스와 고대 로마

1956. *Histoire des institutions, t. 3, Le Moyen Age*; 제도사 3권, 중세

1956. *Histoire des institutions, t. 4, XVIe siècle-XVIIIe siècle*; 제도사 4권, 16-18세기

1956. *Histoire des institutions, t. 5, Le XIXe siècle*; 제도사 5권, 19세기

1962. *Propagandes*; 『선전』, 대장간, 2012, 하태환 옮김.

1963. *Fausse présence au monde moderne*; 현대 세상에서 잘못된 현존

1964. *Le vouloir et le faire, Recherches éthiques pour les chrétiens*; 『원함과 행함』, 대장간, 2018, 김치수 옮김.

1965. *L'Illusion politique*; 정치적 환상(『정치적 착각』, 대장간, 2011, 하태환 옮김)

1966. *Exégèse des nouveaux lieux communs*; 새로운 사회 통념에 대한 주석

1966. *Politique de Dieu, politiques de l'homme*; 『하나님의 정치와 인간의 정치』, 대장간, 2012, 김은경 옮김.

1967. *Histoire de la propagande*; 선전의 역사

1967. *Métamorphose du bourgeois*; 부르주아의 변신

1969. *Autopsie de la révolution*; 『혁명의 해부』, 대장간, 2012, 황종대 옮김.

1971. *L'impossible prière*; 불가능한 기도(『우리의 기도』, 대장간, 2015, 김치수 옮김)

1971. *Jeunesse délinquante, Une expérience en province* (avec Yves Charrier) ; 비행 청소년, (이브 샤리에와) 지방에서 경험

1972. *Contre les violents* ; 『폭력에 맞서』, 대장간, 2012, 이창헌 옮김.

1972. *De la Révolution aux Révoltes* ; 『혁명에서 반란으로』, 대장간, 2019, 안성헌 옮김.

1972. *L'Espérance oubliée* ; 『잊혀진 소망』, 대장간, 2009, 이상민 옮김.

1973. *Éthique de la liberté, volume 1.* ; 『자유의 윤리 1: 현대의 인간 소외와 그리스도의 자유』, 대장간, 2019, 김치수 옮김.

1973. *Les nouveaux possédés* ; 새로운 악령 들린 자들 (『새로운 신화에 사로잡힌 사람들』, 대장간, 2021, 박동열 옮김)

1974. *Éthique de la liberté, volume 2.* ; 『자유의 윤리 2: 참여와 이탈』, 대장간, 2019, 김치수 옮김.

1975. *Sans feu ni lieu: signification biblique de la Grande Ville* ; 의지할 곳 없이, 대도시의 성서적 의미 (『머리 둘 곳 없던 예수』, 대장간, 2013, 황종대 옮김)

1975. *L'Apocalypse: Architecture en mouvement* ; 요한계시록, 움직이는 건축물 (『요한계시록 주석』 – 한들, 유상현 옮김)

1975. *Trahison de l'Occident* ; 『서구의 배반』, 솔로몬, 2008, 박건택 옮김.

1977. *Le Système technicien* ; 『기술 체계』, 대장간, 2013, 이상민 옮김.

1979. *L'idéologie marxiste chrétienne* ; 마르크스 기독교 이데올로기 (『기독교와 마르크스주의』, 대장간, 2011. 곽노경 옮김)

1980. *L'empire du non-sens, L'art et la société technicienne* ; 『무의미의 제국: 예술과 기술사회』, 대장간, 2013, 하태환 옮김.

1980. *La foi au prix du doute, « Encore quarante jours... »* ; 의심을 대가로 치른 신앙, "아직도 40일이..." (『의심을 거친 믿음』, 대장간, 2013, 임형권 옮김)

1981. *La Parole humiliée* ; 『굴욕당한 말: 하나님은 말한다』, 대장간, 2014, 박동열, 이상민 옮김.

1982. *Changer de révolution, L'Inéluctable Prolétariat* ; 혁명의 쇄신, 불가피한 프롤레타리아 (『인간을 위한 혁명』, 대장간, 2012, 하태환 옮김)

1984. *Éthique de la Liberté, volume 3: « Les Combats de la liberté »* ; 『자유의 윤리, 3권, "자유의 투쟁"』 (『자유의 투쟁』, 솔로몬, 2008, 박건택 옮김)

1984. *La Subversion du christianisme* ; 기독교의 전복 (『뒤틀려진 기독교』, 대장간, 2012, 박동열, 이상민 옮김)

1985. *Conférence sur l'Apocalypse de Jean* ; 요한계시록 강연

1986. *Un chrétien pour Israël* ; 이스라엘을 위한 그리스도인

1987. *Ce que je crois* ; 내가 믿는 것 (『개인과 역사와 하나님』, 대장간, 2015, 김치수 옮김)

1987. *La raison d'être, Méditation sur l'Ecclésiaste*; 『존재의 이유: 전도서 묵상』, 대장간, 2016, 김치수 옮김.

1987. *La Genèse aujourd'hui* ; 오늘날의 창세기

1988. *Anarchie et Christianisme.* ; 아나키와 기독교 사상 (『무정부주의와 기독교』, 대장간, 2011, 이창헌 옮김)

1988. *Le bluff technologique* ; 『기술담론의 허세』, 대장간, 2023, 안성헌 옮김.

1991. *Ce Dieu injuste...? Théologie chrétienne pour le peuple d'Israël* ; 불의한 하나님...?, 이스라엘 백성을 위한 기독교 신학 (『하나님은 불의한가?』, 대장간, 2010, 이상민 옮김)

1991. *Si tu es le Fils de Dieu: Souffrances et tentations de Jésus* ; 『네가 하나님의 아들이라면』, 대장간, 2010, 김은경 옮김)

1992. *Déviances et déviants dans notre société intolérante* ; 너그럽지 못한 우리 사회에서 일탈과 일탈자

1992. *L'Homme à lui-même, correspondance avec Didier Nordon* ; 참 모습 그대로의 인간, 디디에 노르동과의 서신 교환

자끄 엘륄의 유작

1995. *Silences*, Poèmes ; 『침묵』, 대장간, 2005, 박용주 옮김.

1996. *Oratorio, Les quatre cavaliers de l'Apocalypse* ; 오라토리오, 요한계시록의 네 기사

2003. *La pensée marxiste*, 『마르크스 사상』, 대장간, 2013, 안성헌 옮김.

2004. *Islam et judéo-christianisme* ; 이슬람과 유대-기독교 (『이슬람과 기독교』, 대장간, 2009)

2007. *Les successeurs de Marx* ; 『마르크스의 후계자』, 대장간, 2015, 안성헌 옮김.

2007. *Penser globalement, agir localement* ; 총체적으로 생각하고 지역적으로 행동하라

2008. Ellul par lui-même, Entretiens avec Willem H, Vanderburg (Perspectives on our age, Jacques Ellul speaks on his life and work) ; 그 자체로서 엘륄, 빌렘 반더버그와 대화 (우리 시대에 대한 전망, 자끄 엘륄이 자신의 삶과 일에 대해 이야기하다) (『세계적으로 사고하고 지역적으로 행동하라』, 대장간, 2010, 신광은, 김재현 옮김)

2008. *Israël, Chance de civilisation*; 이스라엘, 문명의 기회

2013. *Pour qui, pour quoi travaillons-nous ?*; 누구를 위해, 무엇을 위해 우리는 일하는가?

2014. *Théologie et Technique, Pour une éthique de la non-puissance*; 신학과 기술: 비능력의 윤리를 위하여

2014. *Nous sommes des révolutionnaires, malgré nous. Textes pionniers de l'écologie politique*; 그럼에도, 우리는 혁명가들이다(베르나르 샤르보노와 공저), 『생태 감수성의 혁명적 힘: 인격주의, 자연감성, 기술비판』, 비공, 2021, 안성헌 옮김

2018. *Les classes sociales*; 사회 계급들(보르도 정치연구소 강의록)

2021. *La nature du combat pour une révolution écologique*: 생태 혁명을 위한 싸움의 본질(베르나르 샤르보노와 공저)

엘륄 연구서

프레데릭 호뇽, 『자끄 엘륄, 대화의 사상』, 대장간, 2011, 임형권 옮김.

제이콥 E. 밴 블리트, 『자끄 엘륄의 변증법 신학』, 대장간, 2023, 안성헌 옮김.

박건택, 『자끄 엘륄 사상 입문』, 다산글방, 2003.

손화철, 『토플러&엘륄:현대기술의 빛과 그림자』, 김영사, 2006.

정원범, 『자끄 엘륄의 윤리 사상』, 대장간, 2008.

신광은, 『자끄 엘륄 입문』, 대장간, 2010.

박건택, 『자끄 엘륄의 생애와 사상』, 솔로몬, 2012.

하상복, 『자끄 엘륄』, 커뮤니케이션북스, 2018.

이상민, 『자끄 엘륄, 시대를 앞서간 사상가』, 고북이, 2020.

이상민, 『자끄 엘륄 읽기 시리즈1—기술, 선전, 정치, 혁명』, 고북이, 2022.